天长地久有时尽
白居易诗传

似水流年————

著

远方出版社

图书在版编目（CIP）数据

天长地久有时尽：白居易诗传／似水流年著. ——
呼和浩特：远方出版社，2022.8
ISBN 978 - 7 - 5555 - 1377 - 3

Ⅰ.①天… Ⅱ.①似… Ⅲ.①白居易（772 - 846）-
传记 Ⅳ.①K825.6

中国版本图书馆 CIP 数据核字（2022）第 122818 号

天长地久有时尽：白居易诗传
TIANCHANG DIJIU YOUSHI JIN BAIJUYI SHIZHUAN

作　　者	似水流年
责任编辑	于丽慧
责任校对	海　然
封面设计	VIOLET
版式设计	赵艳霞
出版发行	远方出版社
社　　址	呼和浩特市乌兰察布东路 666 号　邮编：010010
电　　话	（0471）2236473 总编室　2236460 发行部
经　　销	新华书店
印　　刷	固安兰星球彩色印刷有限公司
开　　本	880 毫米×1230 毫米　1/32
字　　数	230 千
印　　张	8.5
版　　次	2022 年 8 月第 1 版
印　　次	2022 年 8 月第 1 次印刷
印　　数	1—5 000 册
标准书号	ISBN 978 - 7 - 5555 - 1377 - 3
定　　价	42.00 元

序言

天长地久有时尽

　　白居易，字乐天，晚年自号香山居士、醉吟先生。他的创作数量非常多。他是一位伟大的诗人，亦是中唐时期诗坛中耀眼的一颗明星。他见证了整个大唐由盛转衰的过程。

　　他生逢乱世，早年颠沛流离，受尽苦楚；青年时苦节读书，二十八岁参加科考，先任校书郎，后任盩厔县尉、左拾遗，与元稹等人开展轰轰烈烈的新乐府运动。他一心想挽救宦官专权、藩镇割据、弊政丛生的大唐，然终为权贵所不容，被贬为江州司马。一次贬谪，让他看透黑暗的政局。之后，他在宦海中起起伏伏，虽获高官厚禄，却因看到大唐颓势无法改变，而意兴阑珊、急流勇退。

　　然而，无论顺境还是逆境，他都秉持清廉正直的操守，造福百姓。他任盩厔县尉时，下乡体察民情，为百姓发声；他任左拾遗时，直言进谏，敢与天子论是非；他任忠州刺史时，把一片贫瘠之地治理得欣欣向荣；他是苏杭的好太守，修堤防、疏六井、建山塘、编《霓裳羽衣舞歌》；他隐居洛阳亦行善政，捐出家中积蓄修八节滩，变险滩为通途。

　　白居易有出色的治理才能，也有务实的政治远见，到了晚年甚至有相当的政治影响力。他的避世、他的中隐，于他而言是逍遥，于大唐却是一种损失。人与时代，人与机会，人与环境，处处都讲究一个正确的时间点。时间不对，阴差阳错，即便人有满腹才华，终究浮生成一梦。同样，一代王朝，若人才济济而不用，终究也难挽颓势。

白居易参透了这一点，从此他的志向便不在朝堂，而在诗歌。

白居易有"诗魔"和"诗王"之称，他将平日的生活俗事写入诗中，他将百姓的苦难诉于诗中，他将权贵的丑恶嘴脸讽于诗中，他将深厚的友情凝于诗中，他将生活的哲学叹于诗中。这一世他为诗而活。他的《白氏长庆集》共七十五卷，有三千多首诗。他曾说："凡平生所慕、所感、所得、所丧、所经、所遇、所通，一事一物已上，布在文集中，开卷而尽可知也。"他的诗，就是他的世界。

他的诗也影响了后人。明代江盈科曾评价他："前不照古人样，后不照来者议。意到笔随，世间一切，都着并包囊括入我诗内。诗之境界，到白公不知开扩多少。"白居易的诗歌扩大了古代诗歌的境界，形成了自己的艺术风格，在中国古代诗歌发展史上占有重要的位置。

白居易去世，唐宣宗亲自写诗悼念："缀玉联珠六十年，谁教冥路作诗仙。浮云不系名居易，造化无为字乐天。童子解吟长恨曲，胡儿能唱琵琶篇。文章已满行人耳，一度思卿一怆然。"

其实，白居易更想让世人、让天子读懂他的《秦中吟》《卖炭翁》，读懂他的悲悯之心与政治理想，然而世人珍之重之、喜而诵之的却是《长恨歌》《琵琶行》。这是他的孤独，也是他的遗憾。

目录

第一章

因故遭离乱，惆怅少年心

大历七年（772 年）白居易在河南新郑出生了。他自小聪慧，五六岁开始学诗，九岁已经懂得声韵。贞元三年（787 年）十六岁的白居易就作出了《赋得古原草送别》这样流传千古的名作。少年白居易经过了一段苦读的时光，因常年战乱，辗转到而立之年才考中进士。

君子居易以俟命

《诗经》有云："溱与洧，方涣涣兮。……维士与女，伊其相谑，赠之以勺药。"《水经注》中记载："黄帝登具茨之山，升于洪堤上，受《神芝图》于华盖童子，即是山也。"具茨山下，溱水、洧水缓缓流淌之境，乃河南新郑，是真正的钟灵毓秀之地。

唐代宗大历年间，时任河南巩县县令的白锽受新郑县县令的邀请来到此地，一眼便相中这个风水宝地，果断把家迁来。

大历七年（772 年）正月二十日，白居易——白锽之孙就出生在河南新郑。白季庚——白锽的长子，匆匆从宋州（今河南商丘）赶回新郑，看他刚刚出生的二儿子，也是他的嫡长子。夫人陈氏要他为儿子取名，他看着怀中小儿，半晌无言，万千思绪涌上心头。他现已四十四岁，双鬓已现白发，可还是一个小小的宋州司户参军，八品官衔，升迁遥遥无期。他的父亲白锽从十七岁做官到现在六十七岁，为人正直耿介、清廉自守，也只是一个小小的县令，未得升迁。他的四个弟弟飘零四方，也是官卑职小。

如今，他看着面前这个眼神明亮、眉目清秀的儿子，心中自然充满期待，希望儿子能读书成才，将来位列庙堂，光耀门楣。他们白家太需要一个有出息的子嗣，让白家重振雄风、扬眉吐气。然而，时局动荡，世道不公，官场险恶，摧折人心。贪求太多，反惹其祸。他唯愿儿子做一个温良君子，去顺应世事变化，不忮不求。他想起《礼记·中庸》中曾言，"正己而不求于人则无怨，上不怨天，下不尤人。故君子居易以俟命，小人行险以徼幸"，意思是君子应端正自己的言行，不去向别人乞求不属于自己的东西。人没有这种妄念，就不会产生怨恨。君子秉持平正温和之心等待天命，小人铤而走险妄图获得非分的东西。于是他为孩子起名白居易，期望儿子能做个温和谦逊的君子。名有了，还需有字。《周易·系辞上》有云："乐天知命，故不忧。"白季庚希望自己的孩子乐天知命、无忧无虑，于是给孩子取字为"乐天"。

白家是一个大家族，据白居易后来记述，他的远祖为秦代名将白起。白起死后，秦始皇念其功，封其子白仲于太原，其子孙就成为太原人。白起以下二十八世孙白建做过北齐的五兵尚书，皇上赐田韩城，白建便把家从太原移到同州韩城。

白建生士通，士通生志善，志善生温。白温担任了唐朝的检校都官郎中兼朝散大夫，把家移到了陕西下邽，他就是白居易的曾祖。所以白居易后来也一直自称太原人或下邽人。

大历八年（773年），也就是白居易出生的第二年，白锽遇疾不治，殁于长安，卒年六十八岁，葬于故乡下邽。遵照当时的规矩，白季庚等五弟兄都得丁忧居丧，守孝三载。所以，大历八年五月到大历十年（775年）五月，亦白居易两岁到四岁间，跟随父亲生活于下邽。之后，白居易返回新郑东郭村，并在那里度过了他纯真恬然的童年时代。

白季庚除服后就回宋州上任。白居易的教养责任全部落在陈氏身上。白居易的母亲陈氏虽然没有留下名字，却引发了史学界一场数十年的纷争。白居易在替父亲写《襄州别驾府君事状》中这样说道："夫人颍川陈氏，陈朝宜都之后。祖讳璋，利州刺史；考讳润，坊州鄜城县令；妣太原白氏。"也就是说，陈氏的母亲姓白。

20世纪40年代，金石学家罗振玉发表文章称，根据白氏家族相关的墓志铭所记述，白季庚娶了自己妹妹的女儿。按照白氏家族的家谱和各种资料推算，白季庚也刚好比"太原白氏"大三岁。后来陈寅恪也赞同这一说法，认为"其说虽简，然甚确"。到了20世纪50年代，著名历史学家岑仲勉提出反对，他认为白季庚与陈氏是姑表兄妹。他推论，陈氏的母亲太原白氏是白温的侄女儿，是白锽的从妹妹、白季庚的从姑母。她嫁给了坊州鄜城县尉陈润，她的女儿陈氏在十五岁时嫁给了她的娘家侄子白季庚。

然而岑仲勉的说法随后又遭到顾颉刚的反对，顾颉刚后来又遭到其他史学界人士的反对。史学界为此纷纷扰扰，纵然不少学者认同白季庚和这位陈氏是舅甥关系，然而世尊儒业的白氏家族为何这样行事，却无法解释。因为大唐律法也禁止这样的婚配关系。倒是一位研究白居易的日本学者芳村弘道的另一种假说更让人信服：白氏家族绵延多年，支系复杂庞大，陈氏的母亲太原白氏确系白氏家族的一支，而白季庚与陈氏可能也确实存在着辈分差异，只不过两人只是远亲，并没有很近的血缘关系。总之，陈氏的身份尚无定论。

我们所确切知道的是，陈氏十五岁嫁到白家，生白居易时年仅十八岁。白季庚在外地，而白居易上有一个异母哥哥，下有一个同母弟弟白行简。因此，操持家中生计、抚养三个孩子的责任都落到了年纪并不大的陈氏身上。而陈氏也确是一位知书识礼、善于教导的好母亲。白居易曾在文中写到陈氏，说她"亲执诗书，昼夜教导，循循善诱，未尝以一呵一杖加之"。

白居易自小聪慧，曾自称："仆始生六七月时，乳母抱弄于书屏下，有指'之'字、'无'字示仆者，仆虽口未能言，心已默识。后有问此二字者，虽百十其试，而指之不差。则知仆宿习之缘，已在文字中矣。及五六岁，便学为诗。九岁谙识声韵。"

然而白家平静安定的生活很快被战争搅乱了。大历十四年（779年），唐代宗因病薨逝，太子李适即位，这便是唐德宗。唐德宗于次年，也就是建中元年（780年）开始推行两税法，同时雄心勃勃地准备实施心中酝酿已久的削藩大计。白季庚在这种情况下由宋州司户参军迁任徐州彭城县令。

建中二年（781年），淄青节度使李正己病死，其子李纳请求继承父亲之位。唐德宗不许。十月，李纳反叛，攻打宋州，继而联合魏博将领攻击徐州。徐州刺史李洧原为李正己的部下和同宗。白季庚任彭城县令，是李洧的下属。在李洧动摇之际，白季庚说服他忠于朝廷，抵抗李纳叛军。李洧和白季庚一边派兵求援，一边率领军民坚持抵抗，一共坚持了四十二天，直到朝廷援兵来到，打败李纳的叛军。

白居易曾为父亲写过一篇状文，在状文中他详细记载了父亲奋力抗击叛军的过程："公（白季庚）收合吏民得千余人，与李洧坚守城池，亲当矢石，昼夜攻拒，凡四十二天，而诸道救兵方至。"白季庚在这场战争中展示了忠勇、担当和一定的军事才能，因此受朝廷嘉奖，晋升为徐州别驾。

然而朝廷保住了徐州，却没有打垮李纳，反而引起了其他藩镇的不满。建中三年（782年），驻守在淮西的节度使李希烈自封为天下都元帅、建兴王，联合卢龙节度使朱滔、淄青节度使李纳、魏博节度使田悦、成德节度使王武俊四人发动叛乱。叛乱声势浩大，战火一下子从河北蔓延到了河南。

白家所在的新郑周围战火弥漫、生灵涂炭，他们只得东迁避难，前往白季庚的任所徐州，在符离寄居。白家也只是暂时安定下来，因为朝廷与藩镇的战争还在持续。

唐德宗派大将哥舒曜前去征讨李希烈叛军。建中四年（783年），唐德宗又令泾源节度使姚令率领泾源兵马前去淮西助哥舒曜平叛，但没想到这支泾源的军士们在路经长安时，因为后勤粮草供应出现问题，再加上朝廷没有赐予他们应有的赏赐，一下子发生了哗变，冲向了城内。唐德宗逃往奉天（今陕西乾县）。哗变的兵士拥立朱泚为帝，朱泚称帝之后即刻率大军围困奉天。

皇帝出逃，一时间，各地局势动荡，白居易一家又避难越中。同年十二月，李希烈攻陷汴州城，叛军到处烧杀抢掠，如入无人之境。

唐德宗终于意识到削藩远非他想象的那么容易，于是在兴元元年（784年）初，向天下人颁布了一道罪己诏，将这次战乱的责任归于自己，称李希烈等人都是被逼无奈、完全没有责任。最终的结果是，这些参与叛乱的藩镇官军和节度使全部被赦免。

然而没想到前去解救唐德宗的李怀光在二月也叛唐了。等到七月，唐德宗才几经曲折回到长安。这一年秋天，关中闹大饥荒，很多百姓不得不蒸蝗虫吃。

白居易一家在符离定居下来。白居易的幼弟白幼美（小名金刚奴）在此时出生。一家人沉浸在历经战乱后的团圆和家里添丁的喜悦中。符离以离山和符草闻名，白居易很喜欢这里。他十六岁时写的《赋得古原草送别》便以符离为灵感。

但对白季庚这个成年人来说，定居符离却是经过周全考虑的。

因为，白居易的外祖父陈润任徐州古丰（今属江苏徐州）县县尉，白居易的叔父白季般任徐州沛县县令。这两地离符离都很近，而白居易的六从兄又任符离主簿，白季庚在徐州，距符离也不远。

贞元元年（785 年），白季庚加检校大理少卿，仍知徐州州事。当时战争仍在继续，徐州一带并不算安全。白季庚决定把白居易送到江南去避难，因为自己的从弟白季康还有其他一些族亲都在江南做官。于是，十四岁的白居易就离开符离，来到江南，投奔从叔父白季康。

白季康把白居易当作亲侄子一样对待，教他如何进学、如何读书、如何根据进士考试的要求来进行写作练习。白居易这时才知道考进士这回事，于是开始"苦节读书"，他的作诗天赋也很快显现出来。

> 故园望断欲何如，楚水吴山万里馀。今日因君访兄弟，数行乡泪一封书。
>
> ——《江南送北客因凭寄徐州兄弟书》

此诗题下原注："时年十五。"这是白居易保存下来的最早的一首诗，作于贞元二年（786 年）。当时他送客北上，托客捎回一封家信给徐州的兄弟，诗中抒发了自己殷切的思念之情。然而北部战火不灭，他亦不能回家。

辗转江南，投靠族亲，旅居苏杭二地时，白居易耳闻目睹房孺复和韦应物风流儒雅的刺史生活，油然产生仰慕之心。

> 贞元初，韦应物为苏州牧，房孺复为杭州牧，皆豪人也。韦嗜诗，房嗜酒，每与宾友一醉一咏，其风流雅韵多播于吴中，

或目韦、房为诗酒仙。时予始年十四五，旅二郡，以幼贱不得
与游宴，尤觉其才调高而郡守尊，以当时心言异日苏、杭苟获
一郡足矣。

——《吴郡诗石记》（节选）

十四五岁的白居易曾暗想，将来自己若为苏杭一州之长，就心
满意足了。这两人的生活就是他理想生活的模板。他寒窗苦读，也
是为了过这种生活。年少的他还不懂，一次进士考试无法终结生活
中所有的苦难；就算得任高官，时常享受宴饮之乐，也并不代表日
子无忧无虑。他绝不会想到，官场也是一种桎梏。

贞元三年（787 年），十六岁的白居易根据进士的考试规矩写了
一首《赋得古原草送别》。

离离原上草，一岁一枯荣。野火烧不尽，春风吹又生。远
芳侵古道，晴翠接荒城。又送王孙去，萋萋满别情。

唐代科举试诗，以限定成语为题。按例，应试者在题前要加
"赋得"二字。白居易拟写应试诗，也仿照此例加此二字。关于这首
诗，有一个传说一直流传，多本古书亦有记载：白居易应举初到长
安，以此诗谒见高官顾况。顾况见其姓名，开玩笑说："长安米价方
贵，居大不易。"顾况也是著名诗人，熟读儒家经典，自然知道"居
易"的真正意思，作此调侃实属故意。然而当他打开诗卷读到"离
离原上草，一岁一枯荣。野火烧不尽，春风吹又生"时，立刻赞叹
道："写得出这样的诗句，居则易矣。"于是，顾况到处赞扬白居易，
白居易因而声名大振。根据现代学者考证，按两人的经历，当时他
们没有在长安见面的可能。不过，贞元五年（789 年），顾况贬官至

饶州时，取道衢州，当时白居易正在衢州，双方有可能会面。

至于这则传说因谁而起，已不可考，但却流传了千年。大约人们心中总有一个美好的愿望：才子以才华征服当权者，鱼跃龙门，人生从此一片坦途。但事实上，才子走向仕途，从来都是坎坷多于顺遂。而历代当权者，真正渴慕人才的却极少。

勤勉苦读求仕进

贞元四年（788 年），白季庚在徐州任满，迁官大理寺少卿兼衢州别驾，到衢州任职。十七岁的白居易就随父亲到衢州，继续在江浙一带漫游。直到二十岁，白居易才回到徐州符离老家，正式开始准备进士考试。

这是一段真正的苦读时光。多年以后，白居易回忆道："二十已来，昼课赋，夜课书，间又课诗，不遑寝息矣。以至于口舌成疮，手肘成胝。既壮而肤革不丰盈，未老而齿发早衰白；瞀瞀然如飞蝇垂珠在眸子中者，动以万数。盖以苦学力文之所致，又自悲。"

不过，白居易并非一人独自苦读。当时符离有著名的"五才子"，分别是刘五（刘翕习）、张仲素、张美退、贾握中、贾沅犀。白居易和弟弟白行简常与符离五才子互访游玩，写诗唱和。多年以后，白居易曾给刘五写文回忆当年的情形：

> 刘兄文高行孤立，十五年前名翕习。是时相遇在符离，我

年二十君三十。得意忘年心迹亲，寓居同县日知闻。衡门寂寞朝寻我，古寺萧条暮访君。朝来暮去多携手，穷巷贫居何所有。秋灯夜写联句诗，春雪朝倾暖寒酒。陂湖绿爱白鸥飞，滩水清怜红鲤肥。偶语闲攀芳树立，相扶醉蹋落花归。张贾弟兄同里巷，乘闲数数来相访，雨天连宿草堂中，月夜徐行石桥上。我年渐长忽自惊，镜中冉冉髭须生。心畏后时同励志，身牵前事各求名。……齐入文场同苦战，五人十载九登科。

——《醉后走笔酬刘五主簿长句之赠兼简张大贾二十四先辈昆季》（节选）

白居易一行人在武里村、流沟等名胜处盘桓赋诗，这样的生活倒也丰富有趣。当然读书、考科举仍然是第一位的，"心畏后时同励志，身牵前事各求名"。十年之后，他们这些人都登科及第，步入仕途。但还是那句话，人生所有的难题不是一场进士考试就能解决的，登科及第之后，各有各的悲喜。

贞元七年（791 年），白季庚改任襄州（今湖北襄阳）别驾。贞元八年（792 年），白居易的幼弟白幼美夭折。为了让母亲散心，白居易陪着母亲来到襄阳。襄阳是著名诗人孟浩然的故里。白居易特意去拜访了孟浩然的故里鹿门山，并写诗一首，怀念孟浩然。

楚山碧岩岩，汉水碧汤汤。秀气结成象，孟氏之文章。今我讽遗文，思人至其乡。清风无人继，日暮空襄阳。南望鹿门山，蔼若有余芳。旧隐不知处，云深树苍苍。

——《游襄阳怀孟浩然》

通过此诗，白居易表达了自己感到茫然、无所从，内心充满无法与先贤同游的遗憾。

贞元九年（793 年）是一个特别的年份。这一年，白居易二十二岁，元稹十五岁、明经登第，刘禹锡二十二岁、进士登第，柳宗元二十一岁、进士登第。然而白居易却在襄阳安静度日，历史没有记载他为何没去考试。根据种种状况推断，很可能是他母亲的身体或精神状况出了问题。

贞元十年（794 年）五月二十八日，白季庚病故于襄阳任所，享年六十六岁。因为白季庚一生清廉，没有留下多少钱财，当时家人没有足够的财力把灵柩运回原籍安葬，只得暂时葬于襄阳县东津乡南原。将父亲的后事料理妥当之后，白居易就和家人一起回到徐州符离，过起了居丧生活。直到贞元十三年（797 年）除服，他始终没有离开过符离。

父亲离世，白居易兄弟居丧，一家人没有收入，生活陷入困顿。贞元十四年（798 年），已除服的白居易原本应该先去考取贡生资格，进而北上长安考取进士。无奈家中缺钱，他不得不把母亲和弟弟先送到洛阳，安顿在族亲家中，然后再下江南，去找长兄白幼文。据推测，白幼文为白季庚的妾所生，比白居易年长许多。在他们这一辈中，白幼文为老大，而白居易排序为二十二，友人有时亦称他为白二十二郎。当时白幼文为饶州浮梁县主簿。白居易在去饶州的路上，曾写了一首诗来记述当时的窘境。

> 明月满深浦，愁人卧孤舟。烦冤寝不得，夏夜长于秋。苦乏衣食资，远为江海游。光阴坐迟暮，乡国行阻修。身病向鄱阳，家贫寄徐州。前事与后事，岂堪心并忧。忧来起长望，但见江水流。云树蔼苍苍，烟波淡悠悠。故园迷处所，一念堪白头。
>
> ——《将之饶州江浦夜泊》

从诗中可以看出，白居易愁卧孤舟，为家庭生计问题思前想后，心情烦躁，彻夜难以安眠，只好起来面对悠悠烟波，长望故园。

贞元十五年（799年），白居易返回洛阳，作了一首《伤远行赋》："贞元十五年春，吾兄吏于浮梁。分微禄以归养，命予负米而还乡。出郊野兮愁予，夫何道路之茫茫。茫茫兮二千五百里，自鄱阳而归洛阳。"他的哥哥已成家立业，有妻子儿女要养，本就俸禄微薄，还要分出一部分来供养他们。白居易自感惭愧，可又没有其他办法，心中的迷茫和困窘几乎溢出纸外。

他在回洛阳的途中，看到河南一带经历战乱、田园荒芜且民不聊生的惨状，想到将回洛阳侍奉母亲，再想到兄长弟妹都离散四方，而家业败落至此，更是孤枕难眠，起身望月，感慨万千，挥笔写下《自河南经乱，关内阻饥，兄弟离散，各在一处。因望月有感，聊书所怀，寄上浮梁大兄、于潜七兄、乌江十五兄，兼示符离及下邽弟妹》诗：

> 时难年饥世业空，弟兄羁旅各西东。田园寥落干戈后，骨肉流离道路中。吊影分为千里雁，辞根散作九秋蓬。共看明月应垂泪，一夜乡心五处同。

同年秋天，白居易投靠在宣州担任溧水县令的白季康。经这位从叔父的安排，他在宣州参加了乡试，被宣歙池观察史崔衍录取，获得去长安考进士的资格。他在宣州还有另一个收获：认识了一位至关重要的朋友——杨虞卿。两人的友情一直保持了多年，且后来双方还有姻亲关系。白居易在《与杨虞卿书》中写道："且与师皋（杨虞卿字）始于宣城相识，迨于今十七八年，可谓故矣。又仆之妻，即足下从父妹，可谓亲矣。亲如是，故如是，人之情又何加焉？"

唐朝的进士考试，一般是从前一年初冬开始，到第二年春季完成。贡生初冬就要聚集于长安。白居易在宣州考完之后，回到洛阳探望母亲，然后就奔赴长安。

这次与母亲别离，白居易心情极度痛苦与忧愁，他写了一首《生别离》："食檗不易食梅难，檗能苦兮梅能酸。未如生别之为难，苦在心兮酸在肝。晨鸡再鸣残月没，征马连嘶行人出。回看骨肉哭一声，梅酸檗苦甘如蜜。黄河水白黄云秋，行人河边相对愁。天寒野旷何处宿，棠梨叶战风飕飕。生离别，生离别，忧从中来无断绝。忧积心劳血气衰，未年三十生白发。"

这个时候白居易已经二十八岁了，也经历过几次别离。他之所以把这次别离写得分外愁苦，一是放心不下母亲，二是他背负了巨大的压力。家中未来的希望全寄托在他一人身上，而进士考试难度又极大，这让他精神上承受了巨大的压力。

贞元十六年（800 年）正月，白居易在长安准备进士考试。万人行乐的元宵节晚上，白居易却愁绪满怀，无心出游。

> 喧喧车骑帝王州，羁病无心逐胜游。明月春风三五夜，万人行乐一人愁。
>
> ——《长安正月十五日》

他后来在《与元九书》中追述过当年的处境："初应进士时，中朝无缌麻之亲，达官无半面之旧，策蹇步于利足之途，张空拳于战文之场。"意思是他刚参加进士考试的时候，朝廷里连一个远亲都没有，达官贵族中也没有一个略微相熟的朋友，自己拖着跛脚和那些腿脚麻利的人们赛跑，一个人赤手空拳走进比赛文章的战场。用现在的话来说，在考试之前，他就已经输了半步。因为唐朝的科考和我们印象中的考试差别很大。

在唐朝，进士考试的试卷是不糊名的，所有考生的信息都在卷面上公开。一纸试卷的成绩代表了考生临场的机智应变，但考官并不唯此来判断考生的水平，而是要依据他们平日的作品和誉望来决定其去取。如果考生平素与那些有地位、有学问的人有过交集，得到过他们的表扬褒奖，成功的概率就大了许多。所以许多年轻士子将自己的诗文创作加以编辑，写成卷轴，呈送给对考试录取方面有决定权或话语权的达官贵人，以求得赞誉、推荐。这种做法叫作干谒，也叫作"行卷"。白居易虽然擅长作诗，但因家境贫寒，没有余钱在达官贵人的门前奔波周旋。他自然感觉在朝中孤立无援，及第的希望渺茫，因而愁苦不堪。

　　轩车歌吹喧都邑，中有一人向隅立。夜深明月卷帘愁，日暮青山望乡泣。风吹新绿草芽拆，雨洒轻黄柳条湿。此生知负少年春，不展愁眉欲三十。

　　　　　　　　　　　　　　——《长安早春旅怀》（节选）

明明是万物萌发的早春时节，他却"卷帘愁"，"望乡泣"。在草发新绿、柳枝嫩黄的良辰美景之下，白居易想到的却是少年时光已不再，自己很快将步入而立之年，尚无所成，怎能不愁眉不展。二十九岁的白居易，做的诗都离不开一个"愁"字，可见他过得十分煎熬。

同年二月二十四日，白居易终于在中书舍人高郢的主试下，以第四名登进士第。他曾得意地说："慈恩塔下题名处，十七人中最少年。"唐朝一直就有"三十老明经，五十少进士"的说法。这句话的意思是，明经易考，进士难得。白居易二十九岁进士及第，"十七人中年最少"自然是喜笑颜开。

唐朝的科举一般来说分为常举和制举两类。常举即是常年举行的、较为固定的科目，故又称为"常科"，明经和进士就属于常举。进士考试一般有三场，第一场考杂文，第二场考帖经，第三场考策文。所谓帖经，就是考核考生对儒家经典著作是否熟悉，以求学有根底；所谓策文，就是针对时局某一个或若干个问题写一篇文章，以便考查学生观察时事、解决实际问题的能力。这三场考试，是每场淘汰制，也就是说只有三场都过关，才算是中榜进士。

明经虽然也考三场，但主要考查学生背诵儒家经典的情况。进士比明经难考，除了题目加考诗赋、难度加大以外，还因为录取人数要比明经少得多，仅为明经科的十分之一。白居易的父亲白季庚四十多岁一直得不到升迁，就跟他是明经出身、没有考取进士而不受重视有关。若不是碰上战事，他可能在七品县令上终老。

白居易考上了进士，白家顿时有了希望。而此时，白居易也该成家了。

此情可待成追忆

　　白居易很早就有了心仪的女孩，女孩名叫湘灵，是他在符离居住时的邻居。这段恋情如何萌发、如何发展，细节早已不可考。不过，不难想象，一个文质彬彬的翩翩少年，一个美丽可爱的灵动少女，彼此吸引靠近，是多么理所当然的事。

　　　　娉婷十五胜天仙，白日姮娥旱地莲。何处闲教鹦鹉语，碧
　　　　纱窗下绣床前。

　　　　　　　　　　　　　　　　　　　　　　　——《邻女》

　　在白居易的眼中，湘灵胜过天仙，美似天上嫦娥、地上牡丹。她在碧纱窗下教鹦鹉说话的情影，在情郎眼里也是一幅美景。

　　白居易离开符离之后，为前途奔波却时时思念着湘灵，曾为湘灵写过很多诗歌。

泪眼凌寒冻不流，每经高处即回头。遥知别后西楼上，应凭栏干独自愁。

——《寄湘灵》

每每登临高处，他总是禁不住回头眺望，以致泪流满面，泪水被寒气冻结在脸上。因为他知道湘灵肯定也一直在西楼上因为思念自己而凭栏哀愁。

夜半衾裯冷，孤眠懒未能。笼香销尽火，巾泪滴成冰。为惜影相伴，通宵不灭灯。

——《寒闺夜》

艳质无由见，寒衾不可亲。何堪最长夜，俱作独眠人。

——《冬至夜怀湘灵》

白居易用一首接一首的诗歌，表达对湘灵的思念之情。然而他思念湘灵之余，也清楚湘灵的日子并不好过。他当时已知母亲态度。他们白家纵然一时困窘，也算是书香门第，世代为官，而湘灵家是平民家庭，两家不可能结为姻亲。他北上长安，考取功名，一为白家，二也想以进士及第来取得和母亲的"谈判"资格，希望母亲能接纳湘灵。所以，他对进士志在必得。

然而当他考中进士，兴冲冲地想要让母亲为自己去提亲时，才发现他的进士身份只会让他和湘灵隔得更远，母亲更加不会妥协。

九月西风兴，月冷霜华凝。思君秋夜长，一夜魂九升。二月东风来，草拆花心开。思君春日迟，一日肠九回。妾住洛桥北，君住洛桥南。十五即相识，今年二十三。有如女萝草，生在松之侧。蔓短枝苦高，萦回上不得。人言人有愿，愿至天必成。愿作远方兽，步步比肩行。愿作深山木，枝枝连理生。

——《长相思》

这首诗是用代言体形式抒写女方对情人的思念，直观地展现了湘灵的相思、担心、心愿。从十五岁相识到现在，八年过去了，白居易也早已过了而立之年，然而两人始终无法结为伉俪。白居易在《感秋寄远》中不禁感叹："佳期与芳岁，牢落两成空。"

松树下的女萝草，虽然有心攀缘缠绕而上，但可惜"蔓短"而松树枝又很高，"萦回上不得"。但她至此还没有绝望，听说人要是有一个美好愿望，只要这个愿望真诚至极，就会感动上天，上天就能成全，使之成功，所以她才长相思，并且发出"愿作远方兽，步步比肩行。愿作深山木，枝枝连理生"的誓言。这誓言很容易让人联想到《长恨歌》中的名句："在天愿作比翼鸟，在地愿为连理枝"。然而誓言越是动人，越是用情至深，待到别离时，就越是痛彻心扉。

不得哭，潜别离。不得语，暗相思。两心之外无人知。深笼夜锁独栖鸟，利剑春断连理枝。河水虽浊有清日，乌头虽黑有白时。惟有潜离与暗别，彼此甘心无后期。

——《潜别离》

白居易及第之后回老家符离，在母亲的故意安排下，居然没有机会见湘灵一面。他也就此知道母亲的门第观念不可撼动，甚至连和湘灵当面分手都做不到，"惟有潜离与暗别，彼此甘心无后期"。古代以孝治国，白居易熟读儒家经典，更是孝顺，况且母亲从他小时候就独自教导他、养育他，他深知母亲辛苦，不忍违拗母亲。

初恋未果的痛苦，成为他人生一大憾事，这股遗憾之情郁结于胸，便成了他难以释怀的长恨。待白居易写作《长恨歌》时，本应是从批判的角度去写唐玄宗，到后来却着重描写唐玄宗与杨贵妃的感情。据猜测，这与白居易本身的感情遭遇有关。

当他把家从符离迁到下邽之时，也意味着他与湘灵正式断了联系。

白居易娶妻之后，对湘灵仍不能忘怀。在不惑之年，还写了《夜雨》一诗，来剖白自己的心迹：

> 我有所念人，隔在远远乡。我有所感事，结在深深肠。乡远去不得，无日不瞻望。肠深解不得，无夕不思量。况此残灯夜，独宿在空堂。秋天殊未晓，风雨正苍苍。不学头陀法，前心安可忘。

白居易在诗中痛诉衷肠，可回应他的也只有苍苍风雨。他的痴心，天地可证，诗书可证。只不过人再痴情，终究无法超脱环境，无法左右时势和命运。

传说，白居易被贬为江州司马时，曾偶然见到了湘灵父女。彼时湘灵已年过四十，却遵诺守身未嫁。两人抱头痛哭，然而时移世易，两人终究已成陌路，只好再度分别，从此未见。

此说法不知可不可信，但白居易在被贬期间，写了一首《感情》："中庭晒服玩，忽见故乡履。昔赠我者谁，东邻婵娟子。因思赠时语，特用结终始。永愿如履綦，双行复双止。自吾谪江郡，漂荡三千里。为感长情人，提携同到此。今朝一惆怅，反覆看未已。人只履犹双，何曾得相似。可嗟复可惜，锦表绣为里。况经梅雨来，色暗花草死。"

白居易的诗动人，他的情感也真挚，只不过这份真情只是偶尔会在心中涌起，或因秋夜漫长，或因睹物思人，并不会主导他的生活和思想。白居易从青年到盛年，双眼基本都一直在望着长安，他对功名的渴望远甚于他对情感的重视。

另外，他到中年之后，对男女情感也看得不是很重。白居易曾在《妇人苦》中写："男儿若丧妇，能不暂伤情。应似门前柳，逢春易发荣。风吹一枝折，还有一枝生。"这话听起来真有几分凉薄。

哪怕他自己娶妻时，赠给妻子的一首诗也中规中矩，没有半分小夫妻浓情蜜语的亲昵。

生为同室亲，死为同穴尘。他人尚相勉，而况我与君。黔娄固穷士，妻贤忘其贫。冀缺一农夫，妻敬俨如宾。陶潜不营生，翟氏自爨薪。梁鸿不肯仕，孟光甘布裙。君虽不读书，此事耳亦闻。至此千载后，传是何如人。人生未死间，不能忘其身。所须者衣食，不过饱与温。蔬食足充饥，何必膏粱珍。缯絮足御寒，何必锦绣文。君家有贻训，清白遗子孙。我亦贞苦士，与君新结婚。庶保贫与素，偕老同欣欣。

——《赠内》

他在这段新婚表白中，首先表明自己要和妻子生同室死同穴、相守终生，接着讲述几个古代夫妇安贫乐道的故事。白居易希望妻子和自己以这几对夫妇为榜样，安贫乐道。他觉得反正人生所需不过温饱而已，有粗茶淡饭充饥即可，有粗布麻衣御寒就行，不必追求美味佳肴、绫罗绸缎。他对妻子说："你们杨家远祖就以清白传家，我也是个'贞苦士'，我们就这样保持清贫与朴素，白头偕老。"白居易简直在给妻子树立道德标杆。他的妻子不识字，想来也不能同他在诗文上有任何的共同语言。

白居易多才多艺，会唱歌，会弹琴，懂得欣赏音乐，欣赏舞蹈，还会讲话本子，应该很受女子青睐，况且他参加宴会频繁，接触的貌美女子众多，但事实上没有一个歌伎能获得他的爱恋，没有一个歌伎成为他爱情诗歌创作的对象。他最终信守了自己向妻子许下的诺言，没有纳妾，也没有庶子。

至于湘灵，晚年时他已不再想起。

有人说，白居易是一个多情的人，他的诗歌实际上都是多情的产物：他对国家多情，对土地多情，对百姓多情，对春花秋月多情，对青春红颜多情，对红尘世界多情。他的情感如此丰富旖旎，但就爱情而言，他显然并不是一个深情的人。当然，他也不是一个薄情的人，准确地说，他是红尘中的一个普通人。

第二章

知我者谓我心忧，不知我者谓我何求

进士及第，并不代表有了官职。后来白居易经过层层选拔，以一篇《百道判》脱颖而出，获得了秘书省校书郎一职。校书郎是个闲职，俸禄优厚、衣食无忧。他开始与友人尽享宴饮之乐。然而，一场政治变革打破了他悠闲的生活，给了他决定做一番事业的勇气和时机。不承想，天不遂人愿，革新失败，他虽因官职小而逃过一劫，却也变得心灰意冷。

及第进士校书郎

白居易考取了进士，纵然高兴，却也不敢大意，因为进士及第不代表有官做，接下来还要面临吏部的选拔。所以他在及第后给进士主考官高郢写了一篇《箴言》。

> 公之德，之死矢报之。报之义靡他，惟励乃志，远乃猷，俾德日修，道日就，是报于公。……惟一德五常，陶甄于内，惟四科六艺，斧藻于外。若御舆，既勤衔策，乃克骏奔；若冶金，既砥淬砺，乃克利用。无曰擢甲科，名既立而自广自满，尚念山九仞，亏于一篑；无曰登一第，位其达而自欺自卑，尚念行千里，始于足下。
>
> ——《箴言》

他在文中先说自己将报答高郢的恩德，励志谋远，修德就道，修习五常之德，外习四科六艺，以便胜任各种职务。他将以《箴言》

为鉴，不时提醒自己，严格执行，做到善始善终。

给高郢呈递《箴言》之后，白居易才算略略放心，准备回乡报喜。临行时，同科进士设宴欢送他，并出城送别。当时和他一起考取进士的有崔玄亮、杜元颖、吴丹、郑俞、戴叔伦等人。

　　十年常苦学，一上谬成名。擢第未为贵，贺亲方始荣。时辈六七人，送我出帝城。轩车动行色，丝管举离声。得意减别恨，半酣轻远程。翩翩马蹄疾，春日归乡情。

——《及第后归觐，留别诸同年》

从诗歌的最后两句，可以看出诗人春风得意、急于归家的心情。第一站自然是洛阳，白居易先去看望了母亲，又去了浮梁看望长兄，随后前往宣城，拜谢崔衍的"贡举"之情。

　　……身忝乡人荐，名因国士推。提携增善价，拂拭长妍姿。……相马须怜瘦，呼鹰正及饥。扶摇重即事，会有答恩时。

——《叙德书情四十韵上宣歙崔中丞》

白居易一方面对崔衍的举荐表示感激，一方面也希望对方能继续提携自己，毕竟当时崔衍任宣歙池观察使，在官场上说得上话。

他本来想早点动身回符离老家，无奈五月份徐州发生战乱。徐泗濠（又称徐泗）节度使张建封病死，他掌握的军队发生叛乱，迫使朝廷立张建封的儿子张愔为留后。唐德宗不许，六月下诏派淮南节度使杜佑平叛，两军对垒，符离就是战场之一。无奈杜佑兵败。九月，唐德宗只好把徐州交给张愔，徐州才平定下来，白居易才得以回到符离老家。

这就是唐德宗时期的大体环境，社会动荡，小规模战乱不断，朝廷不断妥协，藩镇势力日益壮大。白居易久逢战乱，心中自然有诸多感触。

> 九月徐州新战后，悲风杀气满山河。唯有流沟山下寺，门前依旧白云多。
>
> ——《乱后过流沟寺》

当他好不容易回到符离，外祖母却去世了。他一直留在符离直到隔年春天。此后，他去宣州溧水县探望叔父，于秋天回到洛阳。他的六兄和十五兄在这一年接连去世，他的心境因此变得颓唐消极。这一年他才三十岁，却已有了一种时光匆促、未老先衰的悲凉感。

> 酒盏酌来须满满，花枝看即落纷纷。莫言三十是年少，百岁三分已一分。
>
> ——《花下自劝酒》

> 多病多愁心自知，行年未老发先衰。随梳落去何须惜，不落终须变作丝。
>
> ——《叹发落》

进士及第后，还要再考一次，通过选拔，才能被授予官职。贞元十八年（802 年）冬，白居易再次来到长安参加进士选考。唐代吏部选授之制，在每年孟冬举行。据《容斋随笔》记载，唐代选择官吏之法有四条："一曰身，谓体貌丰伟；二曰言，言辞辩正；三曰书，楷法遒美；四曰判，文理优长。凡试判登科谓之入等，甚拙者谓之蓝缕，选未满而试文三篇谓之宏辞，试判三条谓之拔萃，中者即授官。既以书为艺，故唐人无不工楷法；以判为贵，故无不习熟。而判语必骈俪。今所传《龙筋凤髓判》及《白乐天集·甲乙判》是也。"白居易是著名的写判书的高手，他在吏部侍郎郑珣瑜的主试下，试书判拔萃科，中榜及第。

所谓判，据《通典》记载："初（唐朝初年），吏部选才，将亲其人，覆其吏事。始取州县案牍疑议，试其断割，而观其能否，此所以为判也。"但考试考的不是实际判案，而是判书。

事实上，白居易在参加吏部考试之前，翻阅典籍，自拟了大量判题，写出了百道判书，这就是后来的《白乐天集·甲乙判》，又被称为《百道判》。

我们来看其中一则判例：冒名事发判。

案情为："得丁冒名事发，法司准法科罪，节度使奏丁在官有善政，请免罪授真，以劝能者，法司以乱法，不许。"意思是：查得丁冒名诈官，法司依照法律予以科罪，节度使上奏说情，称丁为官期间颇有善政，请求豁免其罪，以励能者。法司认为这样会破坏法治，不许。

白居易判曰：

> 宥则利淫，诛则伤善。失人犹可，坏法实难。丁僭滥为心，侥倖从事。始假名而作伪，咎则自贻；终励节而为官，政将何取。节使以功惟补过，请欲能；宪司以仁不惠奸，议难乱纪。制宜经久，理贵从长。见小善而必求，材虽苟得；逾大防而不禁，弊将若何？济时不在于一夫，守法宜遵乎三尺。盍惩行诈，勿许拜真。

这道判词，态度极其鲜明，结论毫不含糊，那就是必须"惩行诈"而"勿许拜真"，强调"济时不在于一夫"，意思是，守法为第一原则，而行善并不靠此一人。

或许今人读这道判词一时难明其意，然而读起来亦觉铿锵有力、酣畅淋漓。《容斋随笔》的作者洪迈对白居易不吝赞美之词："……若此之类，不背人情，合于法度，援经引史，比喻甚明，非青钱学士（才学之士）所能及也。"

白居易的《百道判》，后来成为考生学习的范本。他在《与元九书》中写道："日者又闻亲友间说，礼吏部举选人，多以仆私试赋判传为准的。"

当时，唐朝的官府文牍都是用骈文写成，骈文讲究对仗工整，辞藻华丽，难免有空洞无物之嫌，所以韩愈、柳宗元大约也在这时段前后倡导古文运动。白居易也反对绮丽造作的文风，所以他写的判词并没有流于华而不实、堆砌辞藻的文风，他的《百道判》的"判题除广采前代经史外，还有大量内容涉及唐代现实的法律问题，并直接反映了中唐当时的政治、经济、军事、选举、婚姻等各方面问题"。

白居易在吏部选考中榜时，还没有形成系统的文学主张，但已有独特的见解和感悟，这无疑也影响了他的判书写作风格。

和白居易同时登第平判科的有元稹、李复礼、吕颖、哥舒恒、崔玄亮；王起、吕炅以博学弘词科登第。白居易和元稹同授秘书省校书郎。校书郎是一个九品上的小官，在掌管图书、档案的秘书省里负责校勘典籍的工作。

有了差事，白居易就在常乐里租赁一所房子住了下来。房子是已故宰相关播私宅的东亭，空置已久，无人料理。亭屋东南隅的一丛竹子衰败不堪。白居易发现之后，立即锄草培土，加以清理，使竹子重新焕发生机。他还写了一篇《养竹记》，叙述了此事的经过，并借竹言志，表明自己的原则和操守。此后白居易住过很多地方，每到一处必养竹。

竹似贤，何哉？竹本固，固以树德，君子见其本，则思善建不拔者。竹性直，直以立身；君子见其性，则思中立不倚者。竹心空，空以体道；君子见其心，则思应用虚受者。竹节贞，贞以立志；君子见其节，则思砥砺名行，夷险一致者。夫如是，故君子人多树之，为庭实焉。

校书郎是个闲职，工作轻松，俸禄不算太少，衣食无忧，同僚关系也融洽，但白居易内心深处总有一种浪费时间的不安感，于是他自嘲"小才难大用"。

帝都名利场，鸡鸣无安居。独有懒慢者，日高头未梳。工拙性不同，进退迹遂殊。幸逢太平代，天子好文儒。小才难大用，典校在秘书。

三旬两入省，因得养顽疏。茅屋四五间，一马二仆夫。俸钱万六千，月给亦有余。既无衣食牵，亦少人事拘。遂使少年心，日日常晏如。

勿言无知己，躁静各有徒。兰台七八人，出处与之俱。旬时阻谈笑，旦夕望轩车。谁能雏校闲，解带卧吾庐。窗前有竹玩，门外有酒沽。何以待君子，数竿对一壶。

——《常乐里闲居偶题十六韵兼寄刘十五公舆王十一起吕二炅吕四颖崔十八玄亮元九稹刘三十二敦质张十五仲元时为校书郎》

这首诗长长的题目里含着他同僚的名字：刘公舆、王起、吕炅、吕颖、崔玄亮、元稹、刘敦质、张仲元。他和这些同僚们唱和谈笑，窗前有竹，门外有酒，看似颇有诗意，却有一种说不出的无力感。他也在这一年认识了李建，他的另外一位挚友。但好友相伴，并不能让他消除心底的不安。

这一年，元稹娶了高官韦夏卿之女韦从，正雄心勃勃地计划着未来，而比元稹年长七岁的白居易却陷入一种迷茫怠惰的情绪里，开始想家了。

　　养无晨昏膳，隐无伏腊资。遂求及亲禄，僶俛来京师。薄俸未及亲，别家已经时。冬积温席恋，春违采兰期。夏至一阴生，稍稍夕漏迟。块然抱愁者，长夜独先知。悠悠乡关路，梦去身不随。坐惜时节变，蝉鸣槐花枝。

——《思归》

贞元二十年（804 年），白居易回了一趟洛阳和徐州，他这次的目的是把符离的白家搬到白氏家族的故乡下邽。

在徐州彭城时，张愔设宴招待白居易，名伎关盼盼作陪。此时的白居易不会想到，他与关盼盼的一面之缘，多年以后竟会引发一段公案，甚至后世出现白居易"诗杀"关盼盼的传闻。

事情真相到底是怎样，我们只能从古人们留下的诗中来做大致的还原。

白居易曾写过一首《燕子楼三首并序》，他在序中讲述了事情的始末。

"徐州故张尚书有爱妓曰盼盼，善歌舞，雅多风态。予为校书郎时，游徐、泗间。张尚书宴予，酒酣，出盼盼以佐欢，欢甚。予因赠诗云：'醉娇胜不得，风袅牡丹花。'一欢而去，迩后绝不相闻，迨兹仅一纪矣。

"昨日，司勋员外郎张仲素缋之访予，因吟新诗，有《燕子楼》三首，词甚婉丽。诘其由，为盼盼作也。缋之从事武宁军累年，颇知盼盼始末，云：'尚书既殁，归葬东洛。而彭城有张氏旧第，第中有小楼，名燕子。盼盼念旧爱而不嫁，居是楼十余年，幽独块然，于今尚在。'予爱缋之新咏，感彭城旧游，因同其题，作三绝句。"

从序中我们可以看出他与关盼盼的交集大约只有"醉娇胜不得，风袅牡丹花"这句诗，此后就再没见过面，甚至没有听到过对方的消息。后来张愔去世，葬在洛阳，直到张仲素带着三首诗来访白居易，一句"为盼盼作也"引发歧义。一种说法是"张仲素为了盼盼而作"，一种说法是"作者是盼盼"，后世诸多学者为这两种说法争论不休。

我们先来看张仲素带来的《燕子楼三首》：

楼上残灯伴晓霜，独眠人起合欢床。相思一夜情多少，地角天涯不是长。

北邙松柏锁愁烟，燕子楼人思悄然。自埋剑履歌尘散，红袖香消已十年。

适看鸿雁岳阳回，又睹玄禽逼社来。瑶瑟玉箫无意绪，任从蛛网任从灰。

我们再来看白居易和张仲素的《燕子楼三首》：

满窗明月满帘霜，被冷灯残拂卧床。燕子楼中霜月夜，秋来只为一人长。

钿晕罗衫色似烟，几回欲著即潜然。自从不舞霓裳曲，叠在空箱十一年。

今春有客洛阳回，曾到尚书墓上来。见说白杨堪作柱，争教红粉不成灰？

白居易以同样的韵脚和了张仲素的诗，然而他还写了另外一首诗。

黄金不惜买蛾眉，拣得如花三四枝。歌舞教成心力尽，一朝身去不相随。

——《感故张仆射诸妓》

白居易原本的意思大概是感慨人死后，财富带不走、欢乐带不走，但有人进一步解读为，该诗惜张公不于心力未尽之时早为散遣之，而致身去不能相随，只为蓄伎者感慨，非以责诸伎也。而且诗中说"三四枝"，题云"诸妓"，非特指一人言也，此诗与盼盼完全无关。

当然，这一切都是后人的解说。而在当时，传闻是，关盼盼读了他这一首《感故张仆射诸妓》，泣曰："自公薨背，妾非不能死，恐百载之后，人以我公重色，有从死之妾，是玷我公清范也，所以偷生尔。"于是以相同的韵脚和了一首诗："自守空楼敛恨眉，形同春后牡丹枝。舍人不会人深意，讶道泉台不去随。"此后多日不食而卒。

诗中关盼盼称呼为白居易为"舍人"，可推断出白居易已经当上了中书舍人，这离白居易赴张愔这一场宴会已经过去很多年了，但后人却因为此事给白居易扣上了"诗杀关盼盼"的帽子。

都说时间会还原真相，但更多时候，时间也会遮蔽真相。

华阳观中写《策林》

白居易搬到下邽以后，过了一段悠闲平静的日子，没有战乱，朝野无事，他的工作又轻闲，不必天天上班受拘束。从家到秘书省仅有百里之遥，每月只两三次去官署点卯。他开始游渭水，赏春，和友人唱和，尽享宴饮之乐。

去岁欢游何处去？曲江西岸杏园东。花下忘归因美景，尊前劝酒是春风。各从微宦风尘里，共度流年离别中。今日相逢愁又喜，八人分散两人同。

——《酬哥舒大见赠》

村南无限桃花发，唯我多情独自来。日暮风吹红满地，无人解惜为谁开。

——《下邽庄南桃花》

迟迟兮明月，波澹滟兮棹寅缘。日暮兮舟泊，草萋萋兮沙漠漠。习习兮春风，岸柳动兮渚花落。发浩歌以长引，举浊醪而缓酌。春冉冉其将尽，予何为乎不乐？

——《汎渭赋》（节选）

时间很快到了贞元二十一年（805 年），正月，唐德宗驾崩，唐顺宗李诵即位，改元永贞。唐德宗在位二十七年，李诵当了二十六年太子，待他即位时，身体已经崩坏。而长期得他信任的王叔文和王伾联合了一些得力能干的几个中下层官员发动了一场政治革新，史称"永贞革新"。因为王叔文职位较低，骤然提拔，不合常规，于是，唐顺宗任命韦执谊为宰相，发布了一系列政策，迅速赢得了民心。

第一件事，罢宫市。唐德宗后期，皇帝任用宦官为自己采购所需之物，而这些宦官却假借皇帝的名义在各地收揽钱财，造成了极坏的影响。韩愈就是谏议罢宫市而被贬。

第二件事，罢"五坊小儿"。"五坊小儿"指的是为宫廷的雕坊、鹘坊、鹞坊、鹰坊和狗坊等服务的差役。这些人终日无所事事，专以刁难和危害百姓为乐。这些人被罢黜之后，百姓们无不拍手称快。

第三件事，下旨释放宫女和教坊女乐共九百人；减免民间对政府大量的旧欠。

这三件事不大，但影响力不小。白居易作为一个九品小官，看到这些措施，自然也十分振奋。他无法直接参与革新，就主动建言献策，写了数千字的《为人上宰相书》，投送给刚上任不久的宰相韦执谊。

在他眼里，朝廷面临着很大的危机，"计数之吏日进，聚敛之法日兴，田畴不辟而麦禾之赋日增，桑麻不加而布帛之价日贱，吏部则士人多而官员少，奸滥日生，诸使则课利少而羡余多，侵削日甚。举一知十，可胜言哉！况今方域未甚安，边陲未甚静，水旱之灾不戒，兵戎之动无期。""朝无敢言之士，庭无执咎之臣，自国及家，浸以成弊。……识者腹非而不言，愚者心竞而是效，至使天下有目者如瞽也，有耳者如聋也，有口者如含锋刃也"。

他希望宰相统筹规划，妥善处理，组织和任用一批有作为的朝臣，集思广益，救亡图存。而朝廷所要做的就是"秉钧轴之枢，握刀尺之要，划邪为正，削觚为圆，能使善之必迁，不谓善之尽有，能使恶之必改，不谓恶之尽无"。

从这篇文章中可以看出，白居易的思想和主张都是与永贞新派完全一致的。他认为参与永贞革新的骨干分子所做的这些还不够，应该大刀阔斧地进行根本的革新，将大唐的所有弊病，像剜肉补疮般地一一去掉。他满腔热血地期待着这场革新能像一剂良药医治好大唐的沉疴。

同年春，白居易离开了常乐里，搬到永崇里的华阳观居住。华阳观原名为宗道观，在长安朱雀门街东第三街永崇坊，原本是兴信公主的宅院，卖与剑南节度使郭英乂，他死后住宅被籍没入官。大历十二年（777 年），皇家为华阳公主追福，立为观，又名华阳观。白居易曾写诗提及华阳观的来历。

> 帝子吹箫逐凤凰，空留仙洞号华阳。落花何处堪惆怅，头白官人扫影堂。
>
> ——《春题华阳观》

这华阳观虽然比他原来住的常乐里偏僻一些，但环境清幽，舒爽宜人，很适合养病。

> 性情懒慢好相亲，门巷萧条称作邻。背烛共怜深夜月，踏花

同惜少年春。杏坛住僻虽宜病，芸阁官微不救贫。文行如君尚憔
悴，不知霄汉待何人？

——《春中与卢四周谅华阳观同居》

卢四周谅即卢周谅，乃燕郡太守卢道将之后。诗中的杏坛指道
观，"芸阁"即"芸香阁"，在唐代为秘书省的代称。而白居易移居
华阳观的原因，诗中也点明了，一是养病，二是因为经济状况已经
不允许他住常乐里了。他每月薪俸为一万六千钱，若一个人在长安
生活，是稍有盈余的。但他的长兄白幼文任浮梁县主簿，俸禄很微
薄。移家下邽以后，养家糊口的重担自然就落到了白居易身上。而且
据记载，"白居易母亲患有心疾，曾因忧愤发狂，以苇刀自刭，人救
之得免，后遍访医药，或发或瘳，常恃二壮婢，厚给衣食，俾扶卫
之"。遍访医药给母亲治病并专门请人扶卫，也是一笔较大的支出。

华阳观虽地处偏僻，却是观景胜地。观中的空地上种满了桃树、
槐树和竹子等植物。春天，观里桃花盛开，灿若红霞，白居易就招唤朋
友过来赏花。秋夜，明月朗照，观中一切披上一层清辉，如人间仙境。

华阳观里仙桃发，把酒看花心自知。争忍开时不同醉，明朝
后日即空枝。

——《华阳观桃花时招李六拾遗饮》

人道秋中明月好，欲邀同赏意如何。华阳洞里秋坛上，今夜
清光此处多。

——《华阳观中八月十五日夜招友玩月》

长安物价高、房租贵，住道观能省去房租，还能随道众斋食，

节约生活费用，因此很多家境贫寒的举子经常来此寓居。白居易住在观中，还会送举人入试。

> 凤驾送举人，东方犹未明。自谓出太早，已有车马行。骑火高低影，街鼓参差声。可怜早朝者，相看意气生。日出尘埃飞，群动互营营。营营各何求，无非利与名。而我常晏起，虚住长安城。春深官又满，日有归山情。
>
> ——《早送举人入试》

在这些举子中，就有后来得任高官的牛僧孺。当白居易和牛僧孺都垂垂老矣，在宦海风波中漂泊沉浮数十载，尝遍了苦乐荣辱，同宿话旧时，谈论最多的，却是早年在华阳观里度过的看似很平凡甚至很窘迫的日子，可见这段日子于二人之可贵。

> 每来政事堂中宿，共忆华阳观里时。日暮独归愁米尽，泥深同出借驴骑。交游今日唯残我，富贵当年更有谁。彼此相看头雪白，一杯可合重推辞。
>
> ——《酬寄牛相公同宿话旧劝酒见赠》

而且，白居易迁居华阳观，有一个很大的好处，就是离元稹的住处很近，方便交谈。元稹住在靖安坊，朱雀门街东第二街自北向南之第五坊，恰与华阳观所在永崇坊隔街相对。两人相对而居，就能日与游处。当时李绅来长安应进士第，寄居靖安坊元稹家中。通过元稹介绍，白居易与李绅也成为至交好友。当时三人观察与谈论最多的便是永贞革新带来的变化，都在期盼大唐能真正中兴起来。

这段时间，白居易的心情是十分放松而惬意的。向来悲观的他此时却显得豁达开朗。

> 季夏中气候，烦暑自此收。萧飒风雨天，蝉声暮啾啾。永崇里巷静，华阳观院幽。轩车不到处，满地槐花秋。年光忽冉冉，世事本悠悠。何必待衰老，然后悟浮休。真隐岂长远，至道在冥搜。身虽世界住，心与虚无游。朝饥有蔬食，夜寒有布裘。幸免冻与馁，此外复何求。寡欲虽少病，乐天心不忧。何以明吾志，周易在床头。
>
> ——《永崇里观居》

> 朝见日上天，暮见日入地。不觉明镜中，忽年三十四。勿言身未老，冉冉行将至。白发虽未生，朱颜已先悴。人生讵几何，在世犹如寄。虽有七十期，十人无一二。今我犹未悟，往往不适意。胡为方寸间，不贮浩然气。贫贱非不恶，道在何足避。富贵非不爱，时来当自致。所以达人心，外物不能累。唯当饮美酒，终日陶陶醉。斯言胜金玉，佩服无失坠。
>
> ——《感时》

已经三十四岁的白居易感到了时间的残酷，但他此时仍然充满了信心，并非不恶贫贱，但也不惧贫贱；并非不慕富贵，而是觉得时机到了，富贵自来。按照当时的社会环境判断，他应该是对永贞革新改变当时社会的弊政充满了期待。

然而他不知道的是，永贞革新已经在走下坡路了。先是王叔文等人试图夺取神策军的兵权，无奈消息泄露，大宦官俱文珍从中作梗，导致计划失败。再后来，王叔文和韦执谊又想裁撤藩镇，恰巧剑南西川节度使韦皋派人来长安，希望朝廷能够将"剑南三川"全部封给他。王叔文自然严词拒绝，甚至还想将他的使者处死，但韦执谊不同意这种激进的做法，两人产生严重分歧，最终这件事也不了了之。两人的分歧大大削弱了革新的力量。

这场革新运动很多措施都触及了大宦官和各地节度使的利益，这些人对改革派非常不满，想尽办法阻碍革新。而那些参与革新的骨干因为都很年轻，处事手段粗暴简单，又没有一定的容人之量，树敌无数。比如被擢升为屯田员外郎的刘禹锡，负责天下的盐铁事宜，却因为自视甚高，不免看低周围与之共事的官员，时间一久，便遭到弹劾。武元衡因为拒绝依附王叔文集团被贬，也引起诸多官员的不满。这让改革派在朝中被孤立起来，一时手下竟没了办事的人。而看重他们的权势依附过来的人又能力不够，反而对革新产生危害。

朝中对改革派的非议越来越多，这直接动摇了唐顺宗对他们的信任。后来宦官势力反扑，而参与革新运动的官员想要保住手上的权力，一直压制着皇帝立太子的想法。大宦官俱文珍联合朝臣，暗中运作，终于让唐顺宗下旨立皇长子李纯为皇太子。王叔文一下子消极起来，无心抗争，韦执谊见状又急又气。两人因此更加不和，这又直接导致其他参与革新的骨干们逐渐分裂。

八月，唐顺宗内禅给太子李纯，唐宪宗即位，改贞元二十一年为永贞元年。唐宪宗开始对革新人士进行政治迫害，王叔文被赐死，王伾被贬后病亡，刘禹锡先被贬为远州刺史，随即加贬为远州司马。这就是历史上著名的"二王八司马事件"。

白居易逃过一劫，然而革新失败，也让他灰心失望。他看到宰相韦执谊被贬为崖州司马离开京城的那一幕，感慨万分，写下《寄隐者》。

卖药向都城，行憩青门树。道逢驰驿者，色有非常惧。亲族走相送，欲别不敢住。私怪问道旁，何人复何故。云是右丞相，当国握枢务。禄厚食万钱，恩深日三顾。昨日延英对，今日崖州去。由来君臣间，宠辱在朝暮。青青东郊草，中有归山路。归去卧云人，谋身计非误。

白居易意识到反对宦官专权、打击藩镇割据的斗争任重道远。此间的经历也更坚定了他在朝廷有所作为的决心，想要匡扶社稷。

元和元年（806 年），白居易的校书郎任期将满，他早已打算好参加制举考试。制举是天子下诏举行的，并不像其他考试形式那样直接由尚书省等有关部门负责。为此，制举考试往往在天子"殿廷"举行，天子亦常亲临主持。制举以试策文为主，很大一部分科目与政事有关。白居易把制举考试当作一个非常重要的机会，为此他和元稹一直在精心准备。

两人为了能在这场制举考试中发挥出色，闭门累月地研究治国方略，列举社会中的种种问题与弊病，研究解决的办法。白居易更是写出了策文七十五篇。这些策文，几乎包括了中唐时期所有重要的议题，全面地论述了白居易对政治、法律、军事、外交、经济、文化、教育以及社会治理等方面的问题，系统地提出了他的政治主张，相当于为大唐开了一张自己的药方。这七十五篇策文展现了白居易所有的政治智慧和语言天赋。他后来把这些策文结集成书，命名为《策林》。

盖百姓之殃，不在乎鬼神，百姓之福，不在乎天地，在乎君之躁静奢俭而已。是以圣王之修身化下也。宫室有制，服食有度，声色有节，畋游有时，不徇己情，不穷己欲，不殚人力，不耗人财。

——《第二十一》

臣窃见当今募新兵，占旧额，张虚簿，破现粮者，天下尽是矣。……今若去虚名，就实数，则一日之内，十已减其二三矣。若使逃不补、死不填，则十年之间，十又减其三四矣。故不散弃之，则军情无怨也；不增加之，则兵数自销也。

——《第四十四》

臣又以为：自古及今，有不能守塞之兵，而无不可守之塞；有不能备戎之将，而无不可备之戎。故曰：十围之木，持千钧之屋，得其宜也；五寸之关，能制其开阖，居其要也。伏惟陛下握戎之要，操塞之关，则西垂之忧，可以少息矣。

——《第四十九》

白居易的策文从君王德行到边疆治理，从裁兵之法到御臣之术，都有所涉及。从应对制举考试来说，这也相当于"押题"，不管天子到时候出哪一类题目，他都能做到心中有数。

四月，准备充分的白居易参加"才识兼茂明于体用科"策试，与元稹等人同登第。元稹中甲等，授左拾遗；白居易因为对策出言太直，中第四等（按唐代制科照例无第一等第二等，第四等相当于乙等），授盩厔县尉。这一年他三十五岁。和两人一起登第的还有萧俛、崔珝、沈传师、独孤郁等人。

盩厔县尉，九品下，比校书郎品阶还低，白居易显然不是很满意。

盩厔县尉察民情

盩厔县属于京兆府管辖，位于长安以西，是靠近京城的一个畿县。县尉虽然官品较低，正九品下，但因为盩厔属京畿之地，所以也算是一个显职，只有科第出身且有资历者方可上任，而且得此任用者早晚会进入长安，担任更高的职位。然而这明显不符合白居易的期待。

盩厔在长安西南方向。白居易由长安都亭驿出发时，寄居长安求仕的友人杨弘贞前来送行。两人出长安，西南行至昆明乡的汉代昆明池旧址，至此分别。

白居易独自行进，过细柳驿，渡过沣水，经蒲池村，又二十里至鄠县，西行过终南城、司竹园，到达盩厔。

白居易到达盩厔时，看到的是一座刚刚在兵火余烬中重建起来的县城。由于盩厔扼京城四面关之骆谷关，为关中入蜀必经之地，安史之乱中，唐玄宗幸蜀外，众多士人选择自京城出盩厔，取傥骆道避难；唐肃宗、唐代宗时期，吐蕃、党项屡犯长安郊县，盩厔成为阻截外敌入侵之要地，有镇遏使守之；朱泚之乱中，由于李怀光的反叛，在奉天的唐德宗不能返回长安，取道盩厔，由骆谷道远幸汉中。战乱频仍，使盩厔小县田园荒芜、栋宇倾圮。贞元末年，由于某主簿之倡导，百姓方才重修了邑居、廪库、学校和食堂等，县官始"升降坐起，以班先后"。所以白居易看到的是一个各方面刚刚步入正轨但还有很多杂事要处理的县廷。

白居易为司户尉，职掌"分判众曹，收率课税"的工作，即分管州曹下达的公务，向百姓征收赋税。

> 低腰复敛手，心体不遑安。一落风尘下，方知为吏难。公事与日长，宦情随岁阑。惆怅青袍袖，芸香无半残。
>
> ——《酬李少府曹长官舍见赠》（节选）

白居易此时陷入和陶渊明一样的处境，低眉折腰拜迎长官，而为了完成长官下达的任务，还要对百姓采取强制手段。正如诗人高适所言："拜迎长官心欲碎，鞭挞黎庶令人悲。"

他开始精心改造周围的环境，以期得到精神上的愉悦。他在县城官舍的庭院里倚窗种下翠竹百余茎，在县厅前手栽双松。隔年早春，他还移栽了野蔷薇。

> 佐邑意不适，闭门秋草生。何以娱野性，种竹百余茎。见此溪上色，忆得山中情。有时公事暇，尽日绕栏行。勿言根未固，勿言阴未成。已觉庭宇内，稍稍有余清。最爱近窗卧，秋风枝有声。
>
> ——《新栽竹》

竹子是白居易的最爱。他在常乐里租房时，就写下《养竹记》，在盩厔县舍中又亲手种下翠竹。刚刚种下，他就已经开始想象秋风一吹，竹叶发出的婆娑声了。

同年秋，他刚来盩厔没多久，就接受京兆府之令，权摄昭应县事。唐朝，凡京城长安所治之县为赤县，京之旁邑为畿县，合称"畿赤"。昭应县就是赤县，在长安城东五十余里，离长安只有半日路程，在京师东出趋潼关的交通要道上。昭应的县务相当繁忙，白居易写诗向元稹诉苦。

夏闰秋候早，七月风骚骚。渭川烟景晚，骊山宫殿高。丹殿子司谏，赤县我徒劳。相去半日程，不得同游遨。到官来十日，览镜生二毛。可怜趋走吏，尘土满青袍。邮传拥两驿，簿书堆六曹。为问纲纪掾，何必使铅刀。

——《权摄昭应早秋书事寄元九拾遗兼呈李司录》

"二毛"指黑发中夹杂着白发，头发斑白。白居易要四处奔走，还要处理大量的文书，他离长安明明只有半日路程，却找不出时间探访元稹。

其实，元稹的日子也不好过，他担任左拾遗，负责劝谏皇帝。可他年轻气盛，出言偏激，得罪了一大批当朝权贵。再加上他的岳父韦夏卿因病去世，当时任宰相的杜佑找借口将元稹赶出朝堂，调到河南当县尉。

盩厔县的生活让白居易颇感孤寂。元和二年（807 年）春，白居易回了一趟长安，元稹还在丁忧。而此时，杨虞卿到了长安。白居易在宣州就和杨虞卿交好。因此，这次在长安便住在了杨家。通过杨虞卿，白居易又结识了杨汝士、杨汉公、杨鲁士兄弟。

杨氏弟兄俱醉卧，披衣独起下高斋。夜深不语中庭立，月照藤花影上阶。

——《宿杨家》

　　春初携手春深散，无日花间不醉狂，别后何人堪共醉？犹残十日好风光。

——《醉中留别杨六兄弟》

　　杨六兄弟指的是杨汝士。这时杨汝士和杨虞卿都还没有进士及第，所以对白居易十分仰慕和钦羡，对他自然热情款待。这"十日好风光"，无非就是饮酒、赏花，然而他人醉卧之后，白居易却披衣于中庭，望着月色下的斑驳花影，沉思不语。对于他这个"风尘吏"而言，这月夜下的美宅、信步的闲庭，乃至整个长安，都不属于他。白居易在杨家整整住了十天，大概也就在那十天里认识了杨汝士的妹妹，并有了成家的想法。

　　元和元年秋和元和二年夏秋间，白居易两度被召至骆谷道北口的骆口驿。他因而自言："今年到时夏云白，去年来时秋树红。两度见山心有愧，皆因王事到山中。"所谓"王事"，应是指元和初讨伐刘辟军之供顿事务。刘辟，原来是西川节度使韦皋的心腹。永贞元年，韦皋死后，刘辟不经朝廷同意就自立为留后。当时唐宪宗刚刚即位，只好暂时采取安抚手段，任命他为节度副使，代理节度使事。刘辟得寸进尺，公然向朝廷索要三川之地。唐宪宗拒绝后，他于元和元年正月悍然出兵进攻东川，唐宪宗派军队讨伐。战争一直持续到当年九月。在这期间，朝廷陆续派兵，而后勤粮草均由沿途过境州县提供。白居易作为县尉，必须承担供应官军军马所需的任务，还要负责收集粮食、刍藁。

白居易为司户尉，负责征税，这实在是一件令人头疼的事。虽然手下还有司仓、司户以及其他手力，而乡里有里正、村正等基层小吏，但很多时候，他都要亲自下乡。

元和二年，五月盛暑中的一天，他骑马下乡，看到百姓在收割麦子，无意中体察了民情，近距离感觉了百姓们生活的艰辛。

田家少闲月，五月人倍忙。夜来南风起，小麦覆陇黄。妇姑荷箪食，童稚携壶浆，相随饷田去，丁壮在南冈。足蒸暑土气，背灼炎天光，力尽不知热，但惜夏日长。复有贫妇人，抱子在其旁，右手秉遗穗，左臂悬敝筐。听其相顾言，闻者为悲伤。家田输税尽，拾此充饥肠。今我何功德，曾不事农桑。吏禄三百石，岁晏有余粮。念此私自愧，尽日不能忘。

——《观刈麦》

当看到有妇人带着孩子在拾麦，又听闻妇人家中田产已经用来缴税，只好拾麦穗来"充饥肠"，白居易心中惭愧不已。可偏偏这一年，鳌屋大旱。

旱久炎气盛，中人若燔烧。清风隐何处，草树不动摇。何以避暑气，无如出尘嚣。行行都门外，佛阁正岧峣。清凉近高生，烦热委静销。开襟当轩坐，意泰神飘飘。回看归路傍，禾黍尽枯焦。独善诚有计，将何救旱苗。

——《月灯阁避暑》

白居易从纳凉想到救旱苗。他以前写策文，洋洋洒洒万余字，都在指点江山，开救世之良方，而现在他才明白，哪怕做一件有利于百姓的小事，身体力行起来都是困难的。

他下乡征税的过程中，发现了两税法的弊病。两税法，"定税之初，皆计缗钱"，即一切都按照钱来折算。而唐前期行租庸调法，赋税征收的色目主要是粮食和布帛，这是自耕农的日常产品。农村商业欠发达，很多时候都是以物易物。两税法实行后，农民还要把粮食和自家织的布帛换成钱，再去缴税，无形中被多盘剥了一次。而且定税之初，钱帛比价稳定，但到后来铜钱稀缺，造成钱重货轻，农民实际利益受损。

> 私家无钱炉，平地无铜山。胡为秋夏税，岁岁输铜钱？钱力日已重，农力日已殚。贱粜粟与麦，贱贸丝与绵。岁暮衣食尽，焉得无饥寒。
>
> ——《赠友五首》（节选）

两税法初行时，"其丁租庸调，并入两税"，也就说除了两税，其他不用再交，但实际上各地不断加税。白居易曾感叹："税外加一物，皆以枉法论。奈何岁月久，贪吏得因循。"而且为保证军粮供应，官府在京畿地区大行和籴制度。

和籴制度在唐朝初期就开始实行。这个制度原本是为了保护农民。在丰收的年份或者粮食盛产地区，粮多价跌，谷贱伤农。这时候朝廷出面以合适的价格收粮，或储备粮食以备灾年，或充作军粮。但后来发展成不问年成丰歉，一律摊购强买。白居易在《论和籴状》中说得很明白，"臣窃伏见有司以今年丰熟，请令畿内及诸处和籴，令收钱谷，以利农人。以臣所观，有害无利。何者？凡曰和籴者，官出钱，人出谷，两和商量，然后交易也。比来和籴，事或不然，但令府县散配户人，促立程限，严加征催，苟有稽迟，则被追捉，迫蹙鞭挞，甚于税赋，号为和籴，其实害人"。

不止如此，唐定两税之制"征夏税无过六月，秋税无过十一月"。依据农时，对农民生产生活的规律给予了充分的尊重，但基层在征税过程中，往往将税限提前，"蚕事方兴，已输缣税；农功未艾，遽敛谷租"，加剧了农民的贫困甚至破产。

贞元、元和之际，白居易在校书郎任上，屡见朝廷下诏优抚并蠲免京畿。如贞元二十年二月，唐德宗以去岁夏秋间霜雨，蠲除京畿诸县逋租宿贷六十五万贯石；贞元二十一年二月，唐顺宗即位大赦，放免京畿诸县当年秋夏青苗钱；元和元年正月，因改元大赦，"京畿诸县今年青苗钱及榷酒钱，并宜放免。地税率于每年量放二升"，并"令京兆府各下诸县，散榜乡村要路，晓示百姓，务令知悉"。

然而当他任盩厔县尉，到了乡村，才了解到所谓"蠲免"的实质："昨日里胥方到门，手持尺牒榜乡村。十家租税九家毕，虚受吾君蠲免恩。"由于县乡征税工作抢先完成，朝廷的抚恤诏书不过形同空文。政令推行之阻滞，使京畿税役繁重，也使得白居易切身感受到"嗷嗷万族中，唯农最辛苦"。

元和二年秋，白居易被调充京兆府进士考官。唐制规定："乡贡进士由刺史送州者为州试，由京兆、河南、太原、凤翔、成都、江陵诸府送者为府试。皆差当府参军或属县主簿与尉为试官。"

作为进士考官的白居易，切实了解了农民生活的实际苦况，也懂得了当时经济制度在层层官吏的扭曲实行下对农民的盘剥和压榨。于是，他向贡生们问出了这样的问题：

谷帛者，生于下也；泉货者，操于上也。必由均节以致厚生，今田畴不加辟，而谷粟之价日贱；桑麻不加植，而布帛之估日轻。懋力者轻用而愈贫，射利者贱收而愈富。至使农人益困，游手益繁矣。夫然岂谷帛敛散之节，或失其宜，将泉货轻重之权，不得其要乎？今天子方策天下贤良政术之士，亲访利病，以活元元。吾子若待问于王庭，其将何辞以对。

"懋力者轻用而愈贫，射利者贱收而愈富。"这是个千古难题，也是社会矛盾集中之所在。白居易问出了问题，却没有想出答案，又或者说，他把答案寄托在皇帝身上。如果皇帝是位明君，也许就能解决这些问题。所以白居易在以后当上左拾遗乃至翰林学士的时候，不遗余力地揭露各种社会弊病，"唯歌生民病，愿得天子知"。他满心希望皇帝能将百姓从贫苦不得活的状况中解救出来。

两年盩厔县尉的生活，虽然短暂，但给白居易造成的思想冲击和影响却是终生的。过去他的眼睛一直望向庙堂，望向山水，望向挚友亲朋，而之后，他真正开始关注平民百姓的生活，看向民间。但从另一个角度看，若不是他亲眼看到百姓生活的困苦程度，他或许不会总是向权贵发难，或许不会频频向皇帝谏言，如此他也不会被贬为江州司马，不会成为后来避世洛阳的白居易。

每一个人成长过程中的一小段经历，都足以影响他的一生。

一曲长恨天下知

盩厔北依渭水，南接终南，东与鄠县，西与郿县接壤，《元和郡县图志》释其县名"山曲曰盩，水曲曰厔"。盩厔境内有太白、仙游和首阳诸峰，有汉武帝长杨、五柞宫旧址，有隋唐帝王宜寿、仙游、文山和凤凰诸离宫；县东三十余里系道教圣地楼观台；县东南黑龙潭畔黑水峪口有隋文帝所建、唐玄宗修缮、藏有佛舍利子的仙游寺。

白居易酷爱游览名胜。刚到盩厔县时，即使公务繁忙，他也不忘登上县城的北楼遥望南面的山色。

> 一为趋走吏，尘土不开颜。孤负平生眼，今朝始见山。
>
> ——《盩厔县北楼望山》

他在盩厔县认识了两位挚友，一个是陈鸿，另一个是王质夫。陈鸿是进士，比白居易晚几年及第，也是一位小说家，"为文辞意慷慨，长于吊古，追怀往事，如不胜情"；王质夫来自琅琊王氏家族，腹有诗书，避世隐居在盩厔的仙游山。两人与他意气相投，常常一同到盩厔的各个名胜参观游览。

> 春寻仙游洞，秋上云居阁。楼观水潺潺，龙潭花漠漠。

——《寄王质夫》（节选）

在众多景点中，白居易最钟爱仙游寺。他十分喜欢寺中幽静的环境，有时甚至一个人在这里住上一两天。

> 沙鹤上阶立，潭月当户开。此中留我宿，两夜不能回。幸与静境遇，喜无归侣催。从今独游后，不拟共人来。

——《仙游寺独宿》

他也很羡慕王质夫的隐居生活，写了一首《招王质夫》："濯足云水客，折腰簪笏身。喧闲迹相背，十里别经旬。忽因乘逸兴，莫惜访嚣尘。窗前故栽竹，与君为主人。"在他眼中，王质夫是用沧浪之水濯足的云游客，而自己是"折腰簪笏身"，为五斗米所累。两人的人生际遇大相径庭，王质夫悠闲地隐居山野，而自己身陷嘈杂的官场。他也想像质夫那样随自己的兴致洒脱对世，可以乘兴而行，兴尽而返，莫再对这烦尘有所惜恋。

但这种闲适的生活又与他自己济世救民的宏愿抵牾，两者注定无法调和。

元和元年十二月，他与两位友人在仙游山游玩时，在山中偶然听闻天宝遗民诉唐玄宗旧事。遥望渭北原畔的马嵬驿，三人皆有所感悟。王质夫提议白居易以此为题材写诗，陈鸿在《长恨歌传》里记载了这件事：

> 元和元年冬十二月，太原白乐天自校书郎尉于盩厔，鸿与琅琊王质夫家于是邑，暇日相携游仙游寺，话及此事，相与感叹。质夫举酒于乐天前曰："夫希代之事，非遇出世之才润色之，则与时消没，不闻于世。乐天深于诗，多于情者也。试为歌之。如何？"乐天因为《长恨歌》。意者不但感其事，亦欲惩尤物，窒乱阶，垂于将来者也。歌既成，使鸿传焉。世所不闻者，予非开元遗民，不得知。世所知者，有《玄宗本纪》在。今但传《长恨歌》云尔。

早在这之前，元稹就已经以"歌"的形式写了《莺莺传》。"歌"在长安成为一种新的文学样式。白居易当夜就依照此样式，奋笔疾书，一气呵成，写下了传世名作《长恨歌》。

> 汉皇重色思倾国，御宇多年求不得。杨家有女初长成，养在深闺人未识。天生丽质难自弃，一朝选在君王侧。回眸一笑百媚生，六宫粉黛无颜色。春寒赐浴华清池，温泉水滑洗凝脂。侍儿扶起娇无力，始是新承恩泽时。云鬓花颜金步摇，芙蓉帐暖度春宵。春宵苦短日高起，从此君王不早朝。承欢侍宴无闲暇，春从春游夜专夜。后宫佳丽三千人，三千宠爱在一身。金屋妆成娇侍夜，玉楼宴罢醉和春。姊妹弟兄皆列土，可怜光彩生门户。遂令天下父母心，不重生男重生女。骊宫高处入青云，仙乐风飘处处闻。缓歌慢舞凝丝竹，尽日君王看不足。渔阳鼙鼓动地来，惊破霓裳羽衣曲。
>
> ——《长恨歌》（节选）

《长恨歌》一出，白居易天下闻名。唐朝是诗的国度，然而在白居易以前，诗歌还只是风雅之士的爱好。在白居易之后，或者说在《长恨歌》之后，诗歌开始平民化。他在《与元九书》中写了一件小事："又闻有军使高霞寓者，欲聘倡妓，妓大夸曰：'我诵得白学士《长恨歌》，岂同他妓哉？'由是增价。"由此可见《长恨歌》在民间的传诵度。

多年以后，白居易曾给元稹和李绅写过一首诗："一篇长恨有风情，十首秦吟近正声。每被老元偷格律，苦教短李伏歌行。世间富贵应无分，身后文章合有名。莫怪气粗言语大，新排十五卷诗成。""十首秦吟近正声"指的是他后来的作品《秦中吟》。老元自然指的是元稹，"苦教短李伏歌行"说的是李绅对其歌行体诗歌的折服。因为李绅身材矮小，白居易常戏称他为"短李"。白居易十五卷诗文，特意将《长恨歌》与《秦中吟》点名拿出来，可见这都是他的得意之作。《秦中吟》组诗符合他"惟歌生民病，愿得天子知"的创作思想，而《长恨歌》更像是他灵感迸发后的天赋之作，无所谓布局安排，无所谓意图主题，但凭胸中涌动的这一股灵气、一腔情感指挥着他手中的笔而已。前文提到过，《长恨歌》中或许有他与湘灵感情的淡淡影子。

他把自己写的诗歌分为四类：讽喻、闲适、感伤和杂律，并把《长恨歌》归为感伤类。但不管白居易是否以李、杨的爱情故事浇自己胸中之块垒，《长恨歌》确实为白居易带来了实实在在的知名度，也让他的坎坷仕途出现曙光。

元和二年秋天，他就从盩厔调回长安，调任集贤院，任集贤校理。同年十一月四日，白居易自集贤院应召赴银台等候进旨。十一月五日，白居易应召入翰林院，奉敕试作诏、表、制、书四文，诗一首，经核定后合格，被授予翰林学士。唐代的翰林学士在内廷随身侍从皇帝，协助批答奏章、起草诏书，地位十分显要。所以这在当时被认为是很有前途的"美官"。但翰林学士是一种差遣官，没有固定品级，一般多以侍郎、郎中、员外郎等中高级官员兼任。白居易以正九品的县尉充任翰林学士，可谓是超资破格的拔擢。

这次调职让白居易以后的仕途看起来光明多了。这一年，他的弟弟白行简进士及第。白家兄弟未来可期，白家又是书香门第，是以元和三年，弘农杨氏的杨汝士从中斡旋，将自己的从妹嫁给了白居易。这时，白居易已经三十七岁了。

在古代，望族选择联姻对象，总是慎之又慎，而白居易或者说整个白家显然得到了杨家的认可。当然白居易也有所考量，正如陈寅恪所云："唐代社会承南北朝之旧俗，通以二事评量人品之高下。此二事，一曰婚，二曰宦。凡婚而不娶名家女，与仕而不由清望官，俱为社会所不齿。"除了社会名声之外，在实际功用上，婚姻也是官场中的一条捷径。它往往对士人的宦途起到十分关键的作用，白居易自然不能免俗，这也是他服从母亲放弃湘灵的原因之一。

白居易先苦后甜，升官娶妻，春风得意，而他的老朋友元稹则先甜后苦，被授予左拾遗之后，不到半年即被贬出京，后来母亲又去世，只好丁忧。在丁忧期间，他没有收入，依靠白居易等人的接济过活。

白居易初到翰林院的时候，翰林院中已经有崔群、裴垍、李绛、李程和王涯等五人，这五人都与白居易相交甚好。后来钱徽也入了翰林院，白居易经常与他一同值班，言谈之间十分投契。

　　夜深草诏罢，霜月凄凛凛。欲卧暖残杯，灯前相对饮。连铺青缣被，封置通中枕。仿佛百馀宵，与君同此寝。

——《冬夜与钱员外同直禁中》

这段共同值班的日子，让白居易获得了真正的友谊。此后在白居易丁忧迟迟无法获得起复之时，崔群和钱徽都给了他很大的帮助。

元和三年（808 年），白居易被授为左拾遗，担任制策考官。制举考试有四科比较固定，分别为贤良方正直言极谏、博通坟典达于教化、军谋宏远堪任将率、详明政术可以理人。这一年，白居易策试贤良方正能直言极谏科。同一年，牛僧孺、皇甫湜、李宗闵等登第，却因为三人指斥时政，揭露宦官专权，反对肆意用兵藩镇，用词毫不避讳，引起宰相李吉甫不满。唐宪宗本身就主张用兵藩镇，自然也对这三人没有什么好印象。当时的主考官有韦贯之、王涯等人。李吉甫以皇甫湜是王涯的外甥为借口，指斥主考官不公。唐宪宗顺势将主张与藩镇和平共处的几位考官贬谪出京。

白居易写了《论制科人状》呈送给唐宪宗，替裴垍、王涯等人求情："臣伏以裴垍、王涯、卢坦、韦贯之等，皆公忠正直，内外咸知，所宜授以要权，致之近地。……则数人者，自陛下嗣位以来，并蒙奖用，或任之耳目，或委以腹心，天下人情，日望致理。"他苦口婆心地劝诫唐宪宗，贬斥多人会产生寒蝉效应，对朝廷不利："今忽一旦悉疏弃之，或降于散班，或斥于远郡，设令有过，犹可优容，况且无瑕，岂宜黜退？所以前月以来，上自朝廷，下至衢路，众心汹汹，惊惧不安，直道者疚心，直言者杜口。"但唐宪宗并没有听取谏言。史书载，牛李党争数十年，便是起源于此次被贬事件。而白居易因为替人求情被李吉甫的儿子李德裕所不喜。

左拾遗是谏官，掌管讽谏事宜，官阶虽然不高，地位却很重要，能直接参与朝议，是天子近臣。白居易当上左拾遗后很兴奋，也很激动，很想有一番作为。

奉诏登左掖，束带参朝议。何言初命卑，且脱风尘吏。杜甫陈子昂，才名括天地。当时非不遇，尚无过斯位。况予寒薄者，宠至不自意。惊近白日光，惭非青云器。天子方从谏，朝廷无忌讳。岂不思匪躬，适遇时无事。受命已旬月，饱食随班次。谏纸忽盈箱，对之终自愧。

——《初授拾遗》

摆脱风尘小吏的身份，得到皇上的恩宠，想到杜甫、陈子昂那样的名士所做的最高官职也是拾遗，白居易自感底气不足。上任这么多天来，尚未有什么谏议，面对朝廷所发的谏纸他感到愧疚。这就是白居易当时的心情，带着点天真，又如此赤诚。

其实，白居易在担任左拾遗期间，给皇帝送上了不少中肯的谏文，这也为以后被贬埋下了祸根。

淮南节度使王锷以巨款重贿宦官，欲求官位。白居易认为王锷既无"清望"，又无"大功"，德不配位。他向朝廷上《论王锷欲除官事宜状》："臣又闻王锷在镇日，不恤凋残，唯务差税，淮南百姓，日夜无惨，五年诛求，百计侵削，钱物既足，部领入朝，号为羡馀，亲自进奉，凡有耳者，无不知之。今若授同平章事，臣恐四方闻之，皆谓陛下得王锷进奉而与宰相也。"唐宪宗因此打消让王锷做宰相的念头。而白居易自此也彻底得罪了王锷。

元和四年（809 年），唐太宗时的著名大臣魏徵的子孙生活贫困，典押了祖先遗留下来的房宅。淄青节度使李师道为收买人心，欲为魏徵子孙赎买住宅。白居易上谏说，魏徵是先朝的宰相，当年唐太宗曾经赐宫殿所用建材为他修建正宅，以示特别褒奖，与其他官员的宅第都不一样。魏徵的子孙欲典押，需要的钱也不多，应该由朝廷为其赎买，而不能让李师道掠此美名。唐宪宗听其谏，诏命用国库钱两赎回并禁止其质卖。

这一段时期，唐宪宗能听取各种意见且关心百姓疾苦，这让白居易和其他臣子们看到了莫大的希望，于是他们更积极地上书言事，希望能重振大唐。

轰轰烈烈新乐府

元和四年，李绅首先写《新题乐府》二十首送给元稹。元稹读完认为"雅有所谓，不虚为文"。

元稹选择其中十二首唱和，创作了《和李校书新题乐府十二首并序》。后来白居易也创作了《新乐府五十首》，正式标举了"新乐府"的名称。

所谓"新乐府"，它对应的是古乐府，源头是西汉设置的乐府这一机构，掌管宫廷和朝会音乐，采集和创作诗歌。这种诗歌形式也被叫作"乐府"。"新乐府"就是借助"乐府"这种形式，指正社会问题，针砭政治弊端，反映民间疾苦，以期解决这些问题的"新歌词"。新乐府运动上承杜甫的"因事立题""即事名篇"，经元结、顾况等人的开拓，再到张籍、王建等人的实践，到白居易、元稹、李绅这里发展至高潮，成为名副其实的一场文化运动。

新乐府运动的产生有其特定的社会文化环境。这时，安史之乱的战火已经熄灭，但藩镇割据、宦官擅权、赋税繁重、贫富不均、外敌侵扰等社会矛盾不断，唐王朝国势日颓。像白居易、元稹这些有远大抱负的士子们刚刚走入仕途，官阶不高，却敢于言事，急切希望通过改良政治、缓和社会矛盾，使得唐王朝中兴。永贞革新然以"二王"的死、刘禹锡及柳宗元被贬而终结，但革新的精神与思想却没有终结。如果说韩愈、柳宗元的古文运动在文坛领域遥相应和着永贞革新，那么元稹、白居易的新乐府运动则在诗坛领域接受着永贞革新的感召。

新乐府运动虽属文学范畴，但其宗旨并非为文学而文学。白居易在《新乐府序》中开宗明义点出运动宗旨："总而言之，为君、为臣、为民、为物、为事而作，不为文而作也。"

白居易的一百七十二首讽喻诗中有六十首是描写民生疾苦、抨击上层统治的新乐府诗，数量上占了讽喻诗的三分之一，基本上代表了其全部讽喻诗的最高成就。

据《资治通鉴》记载："上（唐宪宗）以久旱，欲降德音，翰林学士李绛、白居易上言，以为'欲令实惠及人，无如减其租税'。又言'宫人驱使之余，其数犹广，事宜省费，物贵徇情'，又请'禁诸道横敛以充进奉'。又言'岭南、黔中、福建风俗，多掠良人卖为奴婢，乞严禁止'。闰月，己酉，制降天下系囚，蠲租税，出宫人、绝进奉、禁掠卖，皆如二臣之请。己未，雨。"

白居易的救灾思想主张受阴阳五行灾异思想的影响。他认为灾异出现，是由于君上失道，皇帝首先要自省，"降天下系囚、蠲租税，出宫人、绝进奉、禁掠卖"皆算作皇帝自省的表现。皇帝一自省，天就会有反应，"昼夜三日雨，凄凄复濛濛"。

他还在诗中表达"进奉"是干旱的原因，这对于进奉之臣和接受进奉的唐宪宗而言，都是辛辣的讽刺。

元和五年（810年），孔戡去世，白居易写了一首《哭孔戡》。

孔戡曾为卢从史幕府书记，卢从史为昭义节度使。在王承宗未叛唐之时，卢从史就与王承宗相勾结，试图连兵自固。时为卢从史掌书记的孔戡极谏以为不可，卢从史不但不听还非常忌恨他。因此，孔戡毅然称病归闲洛阳。后元和三年李吉甫镇扬州欲辟孔戡为宾从，卢从史出于旧怨上书诬陷阻挠，整个官场竟然都向卢从史屈服。后来孔戡一直未得任用，于元和五年，郁郁而终。

> 洛阳谁不死，戡死闻长安。我是知戡者，闻之涕泫然。戡佐山东军，非义不可干。拂衣向西来，其道直如弦。从事得如此，人人以为难。人言明明代，合置在朝端。或望居谏司，有事戡必言。或望居宪府，有邪戡必弹。惜哉两不谐，没齿为闲官。竟不得一日，睿睿立君前。形骸随众人，敛葬北邙山。平生刚肠内，直气归其间。贤者为生民，生死悬在天。谓天不爱人，胡为生其贤。谓天果爱民，胡为夺其年。茫茫元化中，谁执如此权？

白居易自命"我是知戡者"，这个"知"的内涵可以这样理解：白居易"知"戡忠义刚直，也"知"戡含屈蒙冤，对孔戡的赞颂既是对飞扬跋扈的藩镇的抨击，也是对慑于卢从史的势力不敢主持正义的唐宪宗的问责。唐宪宗一面说"朕非不知戡"，却又"不得已"地下达了贬逐孔戡的诏令。诗歌对孔戡忠直被冤一事进行述论，义愤之情溢于言表。

"有事戡必言"，"有邪戡必弹"，孔戡是另一个白居易，本来满腹才华，欲报效朝廷，然而从长安到地方，从君上到朝臣，皆不纳。孔戡一腔孤愤，客死他乡。孔戡的早逝，让白居易陷入迷茫、感到无力。他担心他的一腔热血、满腹才情，会被弃若敝屣。

白居易把长安见闻中的十件令人悲伤之事，写作成《秦中吟》

组诗，其中《轻肥》最为著名。

　　意气骄满路，鞍马光照尘。借问何为者，人称是内臣。朱绂皆大夫，紫绶或将军。夸赴军中宴，走马去如云。樽罍溢九酝，水陆罗八珍。果擘洞庭橘，脍切天池鳞。食饱心自若，酒酣气益振。是岁江南旱，衢州人食人。

——《轻肥》

　　在这首诗里，白居易揭露了宦官的嚣张气焰和他们的骄奢生活。一边是"水陆罗八珍"，一边是"衢州人食人"，这样强烈的对比，怎不让人痛心疾首、怒气滔天！宦官是唐朝的痼疾，可因为皇帝保护，这痼疾无法根除，甚至动都动不得。

　　元和五年，从洛阳回长安的元稹走到距离长安不远的"敷水驿"，一路颠簸，已是非常疲惫，于是就在这座驿站的上厅休息。他刚睡下不久，宦官仇士良和手下的爪牙刘士元就来到此处，强迫元稹让出上厅。元稹不让，刘士元大怒，居然鞭打元稹。可状子递上去，唐宪宗却袒护宦官，责备元稹不懂得谦让，把他贬为江陵士曹参军。白居易上书极力为元稹辩解，都无济于事。他的知己接连遭逢厄运，他在长安环顾四周，"不见心所亲"。

　　独上乐游园，四望天日曛。东北何霭霭，宫阙入烟云。爱此高处立，忽如遗垢氛。耳目暂清旷，怀抱郁不伸。下视十二街，绿树间红尘。车马徒满眼，不见心所亲。孔生死洛阳，元九谪荆门。可怜南北路，高盖者何人。

——《登乐游园望》

独自登上乐游原，在黄昏时分举目远眺，他看见了宫阙、街道和车马，但孔戡不在，元稹不在，绿树、红尘都只是垢氛。全诗最后的"何人"二字呼应开头的"独上"二字，带着一种孤洁苍凉的味道。几百年后，范仲淹也发出了类似的感叹"微斯人，吾谁与归"。千百年来，这些诗人，这些希望为国家、为朝廷效力的士大夫，一直在寻找同路人，一直在寻找他们的精神家园，但他们都不可避免地走向了孤独。

白居易看不惯宦官专权，一而再，再而三地抨击宦官。

> 晨游紫阁峰，暮宿山下村。村老见予喜，为予开一尊。举杯未及饮，暴卒来入门。紫衣挟刀斧，草草十馀人。夺我席上酒，掣我盘中飧。
>
> 主人退后立，敛手反如宾。庭中有奇树，种来三十春。主人惜不得，持斧断其根。口称采造家，身属神策军。主人慎勿语，中尉正承恩。
>
> ——《宿紫阁山北村》

永贞革新本来罢了宫市，然而唐宪宗又把这些政策废除了。整个宦官集团权力急剧膨胀，只要自称是宫廷采造人员，就可以"明抢"百姓的任何东西。他们所谓的购买，都是巧取豪夺。这首诗中所说的正承恩的"中尉"，指的就是吐突承璀。他于元和四年领功德使，修建安国寺，为唐宪宗树立功德碑。于是这群暴卒就有了肆意闯进百姓家的权力。

关于宫市制度，人们最熟悉的是白居易的另一首诗《卖炭翁》：

> 卖炭翁，伐薪烧炭南山中。满面尘灰烟火色，两鬓苍苍十

指黑。卖炭得钱何所营？身上衣裳口中食。可怜身上衣正单，心忧炭贱愿天寒。夜来城外一尺雪，晓驾炭车辗冰辙。牛困人饥日已高，市南门外泥中歇。翩翩两骑来是谁？黄衣使者白衫儿。手把文书口称敕，回车叱牛牵向北。一车炭，千余斤，宫使驱将惜不得。半匹红纱一丈绫，系向牛头充炭直。

诗人在题目下注释："苦宫市也"。短短四个字，道尽了全诗主旨。

白居易在《与元九书》中说："凡闻仆《贺雨诗》，众口籍籍，以为非宜矣；闻仆《哭孔戡诗》，众面脉脉，尽不悦矣；闻《秦中吟》，则权豪贵近者，相目而变色矣；闻《登乐游园》寄足下诗，则执政柄者扼腕矣；闻《宿紫阁村》诗，则握军要者切齿矣！大率如此，不可偏举。不相与者，号为沽誉，号为诋讦，号为讪谤。苟相与者，则如牛僧孺之戒焉。乃至骨肉妻孥，皆以我为非也。其不我非者，举世不过三两人。"

白居易写诗，一步一步把自己写成了孤家寡人。当初让他名动天下的《长恨歌》在他的眼里也变了样，他对元稹说："今仆之诗，人所爱者，悉不过杂律诗与《长恨歌》已下耳。时之所重，仆之所轻。"他并不是看轻《长恨歌》，只是他呕心沥血寄托了全部理想所作的讽喻诗，无人问津，而世人喜欢《长恨歌》不过是喜欢一份热闹罢了，这份热闹是救不了大唐的。

唐朝中叶，宦官专权，达官显贵巧取豪夺，大肆兼并土地，大兴土木，因而使大量百姓流离失所。

谁家起甲第，朱门大道边？丰屋中栉比，高墙外回环。累累六七堂，栋宇相连延。一堂费百万，郁郁起青烟。洞房温且清，寒暑不能忏。高堂虚且迥，坐卧见南山。绕廊紫藤架，夹砌红药栏。攀枝摘樱桃，带花移牡丹。主人此中坐，十载为大官。厨有臭败肉，库有贯朽钱。谁能将我语，问尔骨肉间：岂无穷贱者，忍不救饥寒？如何奉一身，直欲保千年？不见马家宅，今作奉诚园。

——《伤宅》

"马家宅"，唐朝司徒马燧的旧宅，以豪奢著名。马燧死，其子马畅将园中大杏赠宦官窦文场，窦文场又献给唐德宗。唐德宗认为马畅不以大杏献己，意存轻慢，派宦官封其树。马畅恐惧，连忙把住宅献给唐德宗。唐德宗将其改为奉诚园，废置不用。

"达则兼济天下"是白居易朴素的理想和价值观。他无法理解，这些豪门巨室、勋贵公卿，为何宁愿"酒肉臭"，也不愿救济饥寒之民。他甚至以马家宅为例，直率尖锐地告诫这些富贵人家，没有哪个人能享千年富贵，为富不仁，好景是不会长久的。

百姓如蝼蚁，宫里的宫人也一样过着非人的生活。

上阳人，上阳人，红颜暗老白发新。绿衣监使守宫门，一闭上阳多少春。玄宗末岁初选入，入时十六今六十。同时采择百余人，零落年深残此身。忆昔吞悲别亲族，扶入车中不教哭。皆云入内便承恩，脸似芙蓉胸似玉。未容君王得见面，已被杨妃遥侧目。妒令潜配上阳宫，一生遂向空房宿。宿空房，秋夜长，夜长无寐天不明。耿耿残灯背壁影，萧萧暗雨打窗声。春日迟，日迟独坐天难暮。宫莺百啭愁厌闻，梁燕双栖老休妒。莺归燕去长悄然，春往秋来不记年。唯向深宫望明月，东西四五百回圆。今日宫中年最老，大家遥赐尚书号。小头鞋履窄衣裳，青黛点眉眉细长。外人不见见应笑，天宝末年时世妆。上阳人，苦最多，少亦苦，老亦苦，少苦老苦两如何？君不见昔时吕向美人赋，又不见今日上阳白发歌。

——《上阳白发人》

这首诗题目下注曰："愍怨旷也。"诗序为："天宝五载已（同"以"）后，杨贵妃专宠，后宫人无复进幸矣。六宫有美色者，辄置别所，上阳是其一也。贞元中尚存焉。"在此，交代了写作的现实背景。诗歌讲述了一个幽闭深宫四十余年的老宫人的悲惨命运。十六岁入宫，如今已六十岁了，从妙龄少女到白发老妇，也曾幻想荣华富贵，结果是常年宿空房。一年年熬着时光，不知道时光早已把自己抛弃，身上的衣服样式、化的妆容都是天宝年间的打扮，即使出得宫门也会受人嘲笑，一生大好年华虚度。

这是一首别开生面又浅显易懂的宫怨诗，主要关注的是宫人的命运。唐朝诗人写了大量的宫怨诗，绝大多数宫怨诗都有一个特点，都把宫人的悲惨、怨恨归之于失宠或不得宠。其实，诗人们和这些宫人是很相似的，一样身不由己，不管自己有多少才华，有多大抱负，有多高志向，有多热烈的忠诚，如果得不到皇帝的认可，也很难施展抱负。"青青子衿，悠悠我心。但为君故，沉吟至今。"

白居易即使就在皇帝身边，却依然无法真正一展抱负。他又何尝不怕年华虚度？身处这样一个虚弱多病、跟跄蹒跚的大唐，他是多么想为大唐中兴贡献自己的力量。他在《寄唐生》一诗中，陈述了自己的主张与愿望。

我亦君之徒，郁郁何所为。不能发声哭，转作乐府诗。篇篇无空文，句句必尽规。功高虞人箴，痛甚骚人辞。非求宫律高，不务文字奇。惟歌生民病，愿得天子知。未得天子知，甘受时人嗤。药良气味苦，琴澹音声稀。不惧权豪怒，亦任亲朋讥。人竟无奈何，呼作狂男儿。每逢群盗息，或遇云雾披。但自高声歌，庶几天听卑。歌哭虽异名，所感则同归。寄君三十章，与君为哭词。

唐生名衢，家境贫困，久考进士不第，却十分关心国家大事，看到贞元、元和年间国事蜩螗、忠义沦丧，时常痛哭流涕，因而以善哭闻名。别人说起唐衢，经常有取笑之意，但白居易却以他为知己，而唐衢也最爱白居易的诗。"歌哭虽异名，所感则同归。"他的诗歌和唐衢的哭虽然形式不一样，但都源于感触时事而发，为引人疗救时弊的旨归是一样的。

"惟歌生民病，愿得天子知。"这是白居易发起新乐府运动的初衷。唐宪宗最初也的确喜欢他的诗，然而当他联合志同道合者轰轰烈烈地发起一场新乐府运动时，他却离皇帝越来越远了。

第三章

由来君臣间，宠辱在朝暮

元和四年，唐宪宗兴兵讨伐节度使王承宗。此事遭到群臣反对，白居易也在此之列。他的奏折句句在理，却引起了唐宪宗的不悦。白居易自知皇上已不再器重他，便自请任京兆府户曹参军，这样既能安顿自己的生活，又能照顾年迈的母亲。此后母亲离世，他又回到家乡丁忧，过上了三年的田园生活。

一腔孤勇做直臣

元和四年，成德军节度使王士真病殁，其子王承宗自为留后。唐宪宗想要借此削藩，不承认王承宗的节度使地位。这一决策遭到了群臣的反对。李绛说："兼闻士真有子，久领兵权，今别除人，深恐未可。况范阳、魏博、易定、淄青，皆是父子相承，实同流类。镇州若有革易，此辈必不自安。"在这种情景下，唐宪宗采取了折中的办法，"用王承宗为成德留后，割其德、棣二州更为一镇以离其势"。之所以要在成德所辖六州中离析出德、棣二州，是因为"德、棣本非成德所管"，它们是在贞元年间河朔藩镇区划的调整过程中，从淄青划归为成德的。唐宪宗任命昌朝为德州刺史，然而王承宗却派人将昌朝掳走并囚禁起来，拒不奉行朝廷的诏令。

唐宪宗兴兵讨伐王承宗，任命宦官吐突承璀为统帅。白居易得知后，连上奏折："臣恐四方闻之，必窥朝廷；四夷闻之，必笑中国。陛下忍令后代相传云以中官为制将、都统自陛下始乎！臣又恐刘济、茂昭及希朝、从史乃至诸道将校皆耻受承璀指麾，心既不齐，功何由立！此是资承宗之计而挫诸将之势也……"意思是：我担心各地得知这一消息后，肯定要窥伺朝廷的间隙，周边各族得知这一消息后，必然会笑话大唐无人。陛下能够忍受让后世相互传说，任命宦官为军队主将、都统是由陛下肇始的吗？我还担心刘济、张茂昭以及范希朝、卢从史乃至于各道将校都以接受吐突承璀的指挥为耻辱，既然军心不齐，又怎么能够建立功劳呢！这是在助长王承宗的计谋、挫伤各将领的声势啊！

唐宪宗看了奏章又怒又恼，却又无可奈何，因为白居易的话他无法反驳，再加上朝中大臣附和白居易者很多，于是只好将吐突承璀改任为宣慰使。可也只是改了名目，实际上军队仍由吐突承璀掌权。

在讨伐王承宗的过程中，只有中央的神策军是主力，其他各藩镇的军队都盘算着自己的私利，迁延不前。当神策军在吐突承璀的统辖下屡战屡败，骁将郦定进以身殉国之后，此次兴兵也就基本上没有得胜的可能。白居易预料到这种情况，向唐宪宗上奏折，请求罢兵。

他还在奏折里指出不罢兵的四点害处：一、既然成功无望，所需军费又甚多，那晚罢兵不如早罢兵。不应该以府库钱帛、百姓脂膏资助河北诸侯，转令强大。二、淮西节度使吴少诚去世，他的部将吴少阳杀少诚之子而代之。朝廷正在讨伐王承宗，无法两线作战，只好任命吴少阳为淮西节度使。而这样一来，其他节度使必定会援引朝廷处理这一件事的宽严标准，众口一词地为王承宗求情。如果奏章奏表相继而来，再放弃对王承宗的讨伐，反倒使王承宗与各个心怀不轨的藩镇牢固地勾结在一起。三、天气炎热，不适合作战。神策军是作战主力，然而它的成员大多是来自城市的游民，并没有受过系统的军事训练，若出现叛逃，后果不堪设想。四、回鹘与吐蕃都派出了密探，对于朝中的事情，无论大小，全都知道。现在，朝廷聚集天下兵马，只是在讨伐王承宗这一个叛贼，由冬天到夏天，都不能够建树功勋。这会让回鹘与吐蕃看到大唐的实力不足而生有异心。

白居易说得句句在理，却令唐宪宗极为不悦。讨伐王承宗若无功而返，唐宪宗的削藩大计就要功败垂成，所以他迟迟不允罢兵。

此后，白居易又接连上奏，请求罢兵。据《资治通鉴》记载，"白居易尝因论事，言'陛下错'，上色庄而罢，密召承旨李绛，谓'白居易小臣不逊，须令出（翰林）院'。绛曰：'陛下容纳直言，故群臣敢竭诚无隐。居易言虽少思，志在纳忠。陛下今日罪之，臣恐天下各思箝口，非所以广聪明，昭圣德也。'上悦，待居易如初"。

可是唐宪宗是不会真正待白居易如初的。由于白居易等人的阻挠，唐宪宗在朝中缺乏足够的支持，再加上军心不齐，讨伐王承宗最终没有成功。朝廷和王承宗达成和解，朝廷又把德、棣二州还给了王承宗。王承宗的气焰更加嚣张，给朝廷埋下了祸患，也间接把白居易推向了备受攻讦的窘境，不过这也是后话了。

其实白居易反对讨伐王承宗，源于他是建中之乱（781年爆发）的见证者。建中年间，唐德宗拒绝成德的李惟岳袭任节度使，继而群藩四起共抗朝命，最终以唐德宗被迫写下罪己诏收场。唐宪宗意欲廓清天下，对河北用兵又是以成德为突破口。这一举措，直接会让白居易回忆起少年时举家迁徙、躲避战乱的记忆。他自然会根据建中之难的亲身经验，去揣度与预设此役的进程与结局。反对兴兵成德的不仅有白居易，还有李绛、裴垍、权德舆，他们也都经历了建中之乱。

白居易也对节度使非常不满，几乎对各节度使妄图谄媚中央朝廷的任何举措都加以大力反对。但若细加分析，会发现他只反对那些名声不佳、品德败坏之高官，并非针对所有的节度使。他在盩厔县尉两年，深知百姓疾苦，更知仅仅为战争筹备粮草就已经使京畿之地的农民不堪重负，因此他并不赞同唐宪宗削藩的主张。

当初元稹被贬为江陵士曹参军，也与吐突承璀宦官集团有关。因为仇士良正是吐突承璀的亲信，而当时吐突承璀正率军在河朔前线作战，所以，唐宪宗抑元稹而扬仇士良等宦官，意在安抚吐突承璀宦官集团。可白居易当时没有看透这里面的利害关系，又连番上书为元稹辩护，言辞犀利，咄咄逼人，这又让唐宪宗很不满。

其实，唐宪宗对于白居易不满并不是因为一两件事，而是有着一个长期的积累过程。哪怕他在听取、认可白居易的谏议之时，他对白居易都不一定是满意的，只是觉得白居易言之有理而勉强为之罢了。

当初白居易和元稹轰轰烈烈地发起新乐府运动，就是想要引起广泛的注意，引起皇帝的重视，进而对时政产生积极影响。在新乐府运动的前期，唐宪宗也确实注意到了，并十分赞赏白居易那些反映民间疾苦的诗。可是很快地，唐宪宗就对他们提出的谏议和革新要求失去了兴趣和倾听的耐心。最后，他们得到的是打击和抑制，而非挽救时局的改革。这一结局是元白二人没有预料到也无法控制的。

应该说，唐宪宗在即位之初，是有容人之量的，也能听取臣下的谏言。他梦想恢复大唐昔日的荣光，决意革除弊政，适当放权，开言纳谏。白居易和其他元和年间的士子正是抓住了这一有利的历史机遇，自觉地把个人命运和国家命运联系在一起，以高歌猛进的姿态，推动政治清明、文化发展和社会风气的改变。他们或上书言事，或面折廷争，或弹劾权奸，让整个朝堂面目一新。他们参政心情迫切，大胆直言，不惧权贵，所论所奏之事无一不关乎国计民生。他们知道这样做，会触及既得利益者的痛处，会引起权贵的打压，却明知危险仍一往无前。白居易曾说："但以蝼蚁之命至轻，社稷之计至重。"元稹也曾言："效职无避祸之心，临事有致命之致。"

然而唐宪宗有一处逆鳞，那就是他要削藩，任何人、任何事都不能阻挠他这一战略目标。所以当白居易和其他士子主张对藩镇应以安抚为主的时候，唐宪宗就已经打算疏远他们了。另外，唐宪宗即位之后，征讨刘辟取得成功，这让他刚愎自大起来。

元和五年，白居易左拾遗的任期届满，按惯例本应可以擢授门下省的左补阙（从七品上），甚至超擢尚书员外郎（从六品上），但是唐宪宗却叫大宦官梁守谦亲自跑到白居易的家中，询问白居易的意见。表面上看，这是对白居易的极大恩宠，"其官可听自便奏来"，但实际上也意味着，唐宪宗并不想让他再待在中枢。

白居易考虑再三，要求出任京兆府户曹参军（正七品下）。他这么做有几层原因：一是唐宪宗对白居易已经不再宠信，耐心即将耗尽。二是经过几番较量，白居易深知斗不过大宦官吐突承璀，他远比白居易更得唐宪宗的器重和信任。白居易于唐宪宗而言，至多算一个人才，而吐突承璀对唐宪宗则是心腹，是臂膀。不管白居易多么鄙薄他的人品和德行，唐宪宗却始终将他放在高位，无法撼动。三是朝廷的掌权者对自己很不利。元和五年初的宰相，有杜佑、于頔、李吉甫、李藩、裴垍五人。白居易曾经写《不致仕》《司天台》等诗讽刺杜佑在年老该退休致仕之时，还担任高官，为自身谋利。杜佑应该不太喜欢这个锋芒毕露、咄咄逼人的年轻人。于頔和白居易更是死对头。白居易曾经上《论于頔、裴均状》，反对于頔入朝当宰相。如今于頔当了宰相，自然不会给白居易好日子过。李吉甫和白居易已经结怨，虽然李吉甫出镇淮南，但还保留同平章事的宰相职务，对朝政有影响力，而且随时可能回朝掌权。李藩曾受杜佑提拔，还被杜佑救过一命，是杜佑的门生故吏。白居易恐怕也很难得到李藩的好感。唯一和白居易关系较好的裴垍，此时地位已不稳固，这年年底就被免去了相位。面对这样的局面，白居易不得不考虑换个位置。而京兆府的户曹参军虽然是地方官，但仍在长安城内，品级也比补缺、拾遗都高，算是提拔了，俸禄也比较高。这样他就能把多病的母亲接来京城赡养。

白居易相比元稹，有一个很大的性格优点，那就是他有极为强大的心理调适能力。他想着既然暂时无法实现政治理想，那不如就先安顿好自己的生活。于是，他在接受户曹参军这个职位时，也很能自得其乐，甚至还有心情自圆其说。

> 诏授户曹掾，捧诏感君恩。感恩非为己，禄养及吾亲。弟兄俱簪笏，新妇俨衣巾。罗列高堂下，拜庆正纷纷。俸钱四五万，月可奉晨昏。廪禄二百石，岁可盈仓囷。喧喧车马来，贺客满我门。不以我为贪，知我家内贫。置酒延贺客，客容亦欢欣。笑云今日后，不复忧空樽。答云如君言，愿君少逡巡。我有平生志，醉后为君陈。人生百岁期，七十有几人。浮荣及虚位，皆是身之宾。唯有衣与食，此事粗关身。苟免饥寒外，余物尽浮云。
>
> ——《初除户曹喜而言志》

他在诗中仍然说"感君恩"，确实，唐宪宗虽不喜他，但对他仍然是照顾有加的。他有了优厚的俸禄，就把母亲接来长安，不再计较"浮荣及虚位"，理想则在心中埋藏起来。白居易本打算安静地过太平日子，可是事与愿违，他的母亲突然去世了。

丁忧下邦思官场

　　元和六年（811年），白居易的母亲陈氏在长安去世，享年五十七岁。据说她是摘花时坠井而死。陈氏犯有精神方面的疾病，平时总有两个健壮的妇人随侍在侧，偶有疏失，就造成可怕的后果。白居易对陈氏的病情一直讳莫如深。这病因何而起，又持续了多久，一直不见记载。

　　从我们所能查到的史料来看，母亲去世后他非常伤心，写了《慈乌夜啼》一诗来表达对母亲的思念。

　　　　慈乌失其母，哑哑吐哀音。昼夜不飞去，经年守故林。夜夜夜半啼，闻者为沾襟。声中如告诉，未尽反哺心。百鸟岂无母，尔独哀怨深。应是母慈重，使尔悲不任。昔有吴起者，母殁丧不临。嗟哉斯徒辈，其心不如禽。慈乌复慈乌，鸟中之曾参。

白居易是由母亲一手带大的，他对母亲的依恋自然很深。尽管母亲阻挠了他和湘灵的恋情，但母亲养育他、教导他的恩情他是没齿不忘的，而且人到中年，担起了兴旺整个家族的重任后，他自然明白当初母亲阻挠他的苦心。他恪守礼制，辞去官职，带领家人返回下邽故里，为母亲守孝三年。

> 旧居清渭曲，开门当蔡渡。十年方一还，几欲迷归路。追思昔日行，感伤故游处。插柳作高林，种桃成老树。因惊成人者，尽是旧童孺。试问旧老人，半为绕村墓。浮生同过客，前后递来去。白日如弄珠，出没光不住。人物日改变，举目悲所遇。回念念我身，安得不衰暮。朱颜销不歇，白发生无数。唯有山门外，三峰色如故。
>
> ——《重到渭上旧居》

白居易回到下邽故里——渭河边的紫兰村，看到当年插下的柳树长高了，种下的桃树变成了老树，原来的童孺长成大人，原来的老人变成绕村的坟墓，再联想到自己，不禁产生人生易逝的感慨。

白居易第一次考进士时，就感叹自己未老已生白发。此后在他的数篇与友人的唱和诗中，他都不断地提到自己的白发，言语之间非常在意自己的形象。而如今父母俱已不在，经历了险恶的官场，看多了人间悲苦之后，他反倒略微豁达一些了。他写了一首《白发》，被迫接受了自己的衰老，然而他在接受了这一自然定律的同时，似乎也放弃了什么。

> 白发知时节，暗与我有期。今朝日阳里，梳落数茎丝。家人不惯见，悯默为我悲。我云何足怪，此意尔不知。凡人年三

十，外壮中已衰。但思寝食味，已减二十时。况我今四十，本来形貌羸。书魔昏两眼，酒病沉四肢。亲爱日零落，在者仍别离。身心久如此，白发生已迟。由来生老死，三病长相随。除却念无生，人间无药治。

他还写了一首《叹老》，也是从自己的白发写起，"匣中有旧镜，欲照先叹息。自从头白来，不欲明磨拭"，但诗歌写到最后，却以"壮岁不欢娱，长年当悔悟"作结，可见他的思想开始发生了变化，"中隐"的想法已在心中萌芽。

或许命运注定不让白居易称心。正当他在平静的乡村疗愈丧母之痛时，他的女儿金銮子夭折。

元和四年，女儿金銮子出生，白居易兴奋异常。在女儿一周岁生日时，他还特地为女儿写了一首诗《金銮子晬日》（古代称婴儿一百天或一周岁时曰"晬"）。

行年欲四十，有女曰金銮。生来始周岁，学坐未能言。惭非达者怀，未免俗情怜。从此累身外，徒云慰目前。若无夭折患，则有婚嫁牵。使我归山计，应迟十五年。

为人父母的心情，古今皆同。白居易在将要四十岁时才得一女，自然疼爱女儿更深一层。然而女儿刚三岁，就夭折了，他为此大病一场。

岂料吾方病，翻悲汝不全。卧惊从枕上，扶哭就灯前。有女诚为累，无儿岂免怜。病来才十日，养得已三年。慈泪随声迸，悲肠遇物牵。故衣犹架上，残药尚头边。送出深村巷，看封小墓田。莫言三里地，此别是终天。

——《病中哭金銮子》

恬淡平静的田园生活和美丽幽静的农村风光治愈着白居易的丧母、丧女之痛。他读书、种地、学佛和学道，想方设法去稀释痛苦。两年之后，他写了《念金銮子二首》，其中后几句写道："形质本非实，气聚偶成身。恩爱元是妄，缘合暂为亲。念兹庶有悟，聊用遣悲辛。暂将理自夺，不是忘情人。"他将生命和生活里的一切虚无化，他用道家、佛家的说法来开解自己，不是觉悟了什么，只是想用来"遣悲辛"。

三年的丁忧生活，他也有过特别懒散的时候："寒来弥懒放，数日一梳头。朝睡足始起，夜酌醉即休"；也有过非常惬意的时刻："世役不我牵，身心常自若。晚出看田亩，闲行旁村落。累累绕场稼，唧唧群飞雀。年丰岂独人，禽鸟声亦乐"。

但这些只是小插曲，白居易面临的现实问题很残酷。这也是所有寒门官员都面临的问题：一丁忧，就失去收入，陷入困境。不仅他，还有他的弟弟白行简也是如此。过去元稹丁忧时，他资助元稹；如今他丁忧，元稹又来资助他。可即便如此，白家一大家子人，还是过得很艰难。元和七年（812年），白居易决定效仿陶渊明，亲自种田解决生计问题：

犹须务衣食，未免事农桑。薙草通三径，开田占一坊。昼扉启白版，夜碓扫黄粱。隙地治场圃，闲时粪土疆。枳篱编刺夹，薙垄擘科秧。稼力嫌身病，农心愿岁穰。

——《渭村退居寄礼部崔侍郎翰林钱舍人诗一百韵》（节选）

他和家人开田种粮，治园种菜，白天下地劳动，晚上还要捣谷舂米，捣粪、编篱、擘秧、采蕨，样样少不了。就是这样勤苦劳作，他们的经济状况还是很拮据。因为即使田地有所收获，除了作为家庭开支之外，还要缴纳沉重的租税。

> 有吏夜叩门，高声催纳粟。家人不待晓，场上张灯烛。扬簸净如珠，一车三十斛。犹忧纳不中，鞭责及僮仆。昔余谬从事，内愧才不足。连授四命官，坐尸十年禄。常闻古人语，损益周必复。今日谅甘心，还他太仓谷。
>
> ——《纳粟》

白居易官职低微，白家并不享有"免租税"的特权。地方小吏半夜上门催缴租子，家人不敢怠慢，点灯准备粮食，怕粮食不合格，连仆人也受到鞭责。白居易见状，心中不禁愧悔自己没有用。他做过四任官职，校书郎、盩厔县尉、左拾遗、户曹参军，吃了十年的俸禄，这次被征税也甘心，算是把自己做官时领取的禄米还给官仓。

母亲去世，女儿夭折，家计艰难，朝廷形势不明，前途堪忧，种种打击下，白居易将目光转向了"酒"。除了佛和道之外，酒成为他寻找自我解脱的众多方法之一。

> 车家采桑妇，雨来苦愁悲。蔟蚕北堂前，雨冷不成丝。西家荷锄叟，雨来亦怨咨。种豆南山下，雨多落为萁。而我独何幸，酝酒本无期。及此多雨日，正遇新熟时。开瓶泻樽中，玉液黄金脂。持玩已可悦，欢尝有余滋。一酌发好容，再酌开愁眉。连延四五酌，酣畅入四肢。忽然遗我物，谁复分是非。是时连

夕雨，酩酊无所知。人心苦颠倒，反为忧者嗤。

——《效陶潜体诗十六首》其四

　　楚王疑忠臣，江南放屈平。晋朝轻高士，林下弃刘伶。一人常独醉，一人常独醒。醒者多苦志，醉者多欢情。

——《效陶潜体诗十六首》其十三（节选）

　　酒的文化意义是很明显的：一是欢乐的象征；二是苦闷的宣泄。陶渊明有《饮酒》二十首，白居易的这组诗基本是模仿陶渊明的诗来写的，但仅止于形式上的模仿。

　　陶渊明在诗中表现出了孤傲、高洁的人格品质，其中带有因拒斥现实利禄而带来的高逸意趣。

　　秋菊有佳色，裛露掇其英。泛此忘忧物，远我遗世情。一觞聊独进，杯尽壶自倾。日入群动息，归鸟趋林鸣。啸傲东轩下，聊复得此生。

——《饮酒其七》

　　而白居易在其诗中表露出一种自得其乐的生活状态。他细细描摹美酒的情状，仔细抒写美酒带来的享受。为了突出强调自己的自适和自足，白居易不惜与他人比较，"东家采桑妇，雨来苦愁悲"，"西家荷锄叟，雨来亦怨咨"。因为这种比较，让他的诗充满世俗化的气息和享乐色彩。从这组诗中可以看出，白居易的政治热情已经渐渐消退。但他也需要足够的钱财生活，他深受儒家思想影响，还想再做出一番事业。这让他不可能脱离现实，也不可能放弃政治生活。

元和八年（813 年），白居易丁忧期满，除服，但一时之间仕途方面却毫无消息。和白居易关系甚密的前辈兼同僚宰相李绛被贬为礼部尚书，而白居易的死敌权监吐突承璀则从淮南监军任上返回朝廷，任神策军左军中尉（唐朝宦官专权的基础是掌握兵权，所以神策军左右军中尉即为宦官集团的首领），再次登上了权力高位。此时，白居易再也坐不住了，他给礼部侍郎崔群、中书舍人钱徽写信，请求他们帮忙。两人是白居易在翰林院时的老同僚、老朋友，但他们不掌握人事权，更动不了李吉甫和吐突承璀，也是爱莫能助。

元和九年（814 年），白行简倒是先于他找到了差事，应梓州刺史、剑南东川节度使之聘，前往梓州幕府工作。

梓州，远在四川，白家欣慰之余又要面临离别。当初白居易在下邽丁忧，曾把父亲、祖父兼幼弟金刚奴的坟茔一起迁到下邽，白氏家族算是正式在下邽定居下来。丁忧三年，他和弟弟朝夕相处，谈史论道，如今一朝离别，自是难舍。白行简起行之时，白居易正患眼病，一首《别行简》道尽心酸：

> 漠漠病眼花，星星愁鬓雪。筋骸已衰惫，形影仍分诀。梓州二千里，剑门五六月。岂是远行时？火云烧栈热。何言巾上泪，乃是肠中血。念此早归来，莫作经年别！

他心疼弟弟远行之时，正面临酷暑。他希望弟弟早日归来，不做长久的离别。这一年的夏天注定难熬，因为他的家乡下邽正在遭受旱灾，他种的田自然也遭殃了。

> 太阴不离毕，太岁仍在午。旱日与炎风，枯焦我田亩。金石欲销铄，况兹禾与黍。嗷嗷万族中，唯农最辛苦。悯然望岁

者，出门何所睹。但见棘与茨，罗生遍场圃。恶苗承涝气，欣然得其所。感此因问天，可能长不雨。

——《夏旱》

白居易以一个农夫的身份叩问苍天，岂能长久不下雨？这是陷农民于死地。

弟弟远走，自己独留故乡，白居易心情异常低落。不能出仕的焦灼感、不受官场欢迎的孤独感、家计越发艰难的无助感、前途暗淡的挫败感，种种感觉交织在一起，让他苦闷之余，又拿起佛、道典籍，从佛家的"五蕴皆空"与道家的"自在逍遥"中寻求解脱。

同年八月中旬，白居易和朋友一起前往蓝田游览山水，拜谒了悟真寺。悟真寺年代久远，其历史可追溯到西晋之前。在隋唐时候，这里更是高僧云集，名德汇聚。白居易面对这座千年古刹，在详细叙写了游览经过和悟真寺的景观之后，坦陈了自己的失意。

我本山中人，误为时网牵。牵率使读书，推挽令效官。既登文字科，又忝谏诤员。拙直不合时，无益同素餐。以此自惭惕，咸咸常寡欢。无成心力尽，未老形骸残。今来脱簪组，始觉离忧患。及为山水游，弥得纵疏顽。野麋断羁绊，行走无拘挛。池鱼放入海，一往何时还。身着居士衣，手把南华篇。终来此山住，永谢区中缘。我今四十余，从此终身闲。若以七十期，犹得三十年。

——《游悟真寺诗一百三十韵》（节选）

白居易写自己"拙直不合时"，"无成心力尽，未老形骸残"。他表面写如今生活"行走无拘挛"，如"池鱼放入海"，然而一边求佛，"身着居士衣"，另一边问道，"手把南华篇"。如此信仰，恰恰说明他内心已经混乱失序，欲求解脱而不能。"从此终身闲"看似洒脱，实则是一种自嘲，更是一种内心的恐惧。

想想最初丁忧时，他还有一种离开诡谲官场卸下疲惫的适意感，曾在《适意二首》中写道："直道速我尤，诡遇非吾志。胸中十年内，消尽浩然气。自从返田亩，顿觉无忧愧。蟠木用难施，浮云心易遂。悠悠身与世，从此两相弃。"然而丁忧三年，从适意到失意，备尝农事艰辛的他，早已对官场又生出了极大的渴望。他的荣与辱、悲与喜、痛与乐都在官场里。

同年十月，转机终于出现了。李吉甫病死，十二月，韦贯之以尚书右丞为同平章事。韦贯之也曾与杜佑不和，又在元和三年的对策案中支持牛僧孺，与李吉甫不协。他和白居易倒是有不少共同之处，对白居易印象不错，再加上崔群和钱徽从中斡旋，白居易起复的事情终于落实下来了。

元和九年（814 年）冬天，白居易得到了太子左赞善的职位。他随即准备回京赴任，结束紫兰村四年的村居生活。

在这四年里，他经历了丧女之痛，当了一回农民，经历了耕种、被催租、旱灾的种种艰辛，这让他兼济天下的人生理想更坚定了。他曾在《新制布裘》的诗中写道："丈夫贵兼济，岂独善一身。安得万里裘，盖裹周四垠。稳暖皆如我，天下无寒人。"如今，他再度回到官场，自然要有所作为。然而，理想与现实之间有一条巨大的鸿沟。左赞善这个职位，是东宫官署的五品官，官职不算低，但工作是帮助左谕德对太子进行讽谏规劝。唐朝制度规定，宫官不准过问朝政，所以是个"冷官"。

一个热衷政治、心怀天下的人，硬是被剥夺说话、上书的机会。

暗风吹雨入寒窗

  白居易再度回到长安，已是风雪漫天的季节。他赁居于长安城朱雀门街东第三街昭国坊，靠近曲江池，地处偏远。因他是个冷官，趋炎附势的人自然也不来看他，是真正的"门可罗雀"。他虽然天天上朝，但不能过问朝政，这让他异常痛苦。

  白花冷澹无人爱，亦占芳名道牡丹。应似东宫白赞善，被人还唤作朝官。

——《白牡丹》

  他把自己比喻成无人欣赏的白牡丹，勉强算是个朝官。既然是个朝官，他就得每天早起赶到皇城上朝。在滴水成冰的冬天，这让他又感到身体上的痛苦。他写诗给时任国子助教的李绅，说："虽然我们两个都是'冷官'，但我每天须顶风冒雪地去上早朝，而你不用上朝，不必起早，可以天天睡个安稳觉。"

病身初谒青宫日，衰貌新垂白发年。寂寞曹司非热地，萧
条风雪是寒天。远坊早起常侵鼓，瘦马行迟苦费鞭。一种共君
官职冷，不如犹得日高眠。

——《初授赞善大夫早朝，寄李二十助教》

其实，白居易一直都很向往自适其适的生活，他在晚年有"三
适"之说："褐绫袍厚暖，卧盖行坐披。紫毡履宽稳，寒步颇相宜。
足适已忘履，身适已忘衣。况我心又适，兼忘是与非。三适今为一，
怡怡复熙熙。禅那不动处，混沌未凿时。此固不可说，为君强言
之。"他的"三适"即"足适""身适""心适"。然而在左赞善这个
职位上，他"一适"也没有，日子过得痛苦煎熬。

幸好，他还有几个好朋友——元宗简、李建和张籍。白居易经
常同他们来往唱和，日子不至于太寂寞。

瓶中鄠县酒，墙上终南山。独眠仍独坐，开衿当风前。禅
师与诗客，次第来相看。要语连夜语，须眠终日眠。除非奉朝
谒，此外无别牵。年长身且健，官贫心甚安。

——《朝归书寄元八》（节选）

有兴或饮酒，无事多掩关。寂静夜深坐，安稳日高眠。秋
不苦长夜，春不惜流年。委形老小外，忘怀生死间。

——《赠杓直》（节选）

张君何为者？业文三十春。尤工乐府诗，举代少其伦。为
诗意如何，六义互铺陈。风雅比兴外，未尝著空文。

——《读张籍古乐府》（节选）

白居易在诗中安慰自己目前的状况很好，身体康健、官贫心安，很满足，可是他再也不写新乐府诗了，反倒是张籍还在继续写。张籍有乐府诗九十首，有古题，也有新题。白居易读了张籍的诗，替他惋惜——"时无采诗官，委弃如泥尘"。这表示，他再也没有写这类乐府诗的热情了。

其实这个时候是朝廷的多事之秋。元和九年，淮西节度使吴少阳死后，他的儿子吴元济叛唐，以兵北上屠舞阳，焚叶县，掠鲁山、襄城（均在今许昌地区）。元和十年（815年）正月，朝廷下诏讨伐吴元济。白居易作为太子左赞善大夫，按规定，宫官不得过问朝政，所以他无法发声，况且，他也不想发声了。他给这些朋友的诗中，首首都在说自己"无事""安眠"。

正月底，老友元稹回到长安。这给了白居易很大的心灵慰藉。两人和李景信、樊宗宪等一起朝山谒水，饮酒赋诗，元白二人联起诗来，樊、李二人都插不上嘴。他在《与元九书》中曾回忆这段日子："如今年春游城南时，与足下马上相戏，因各诵新艳小律，不杂他篇，自皇子陂归昭国里，迭吟递唱，不绝声者二十里余。樊、李在傍，无所措口。"

可惜好景不长，三月，元稹被授通州司马。通州，即今天的四川达县。在唐代，达县非常偏僻穷困。元稹由从七品的江陵士曹参军变为从六品的通州司马，表面上是升迁了，其实环境更恶劣了。元稹生怕就此一去不回，于是将自己的诗稿整理了一番，辑为二十卷，送给好友白居易，让他代为保管。

白居易先将老友送至鄂东蒲池村，不忍离去，过了一夜，又复送至澧水才分手。后来他写诗道："蒲池村里匆匆别，澧水桥边兀兀回。行到城门残酒醒，万重离恨一时来。"元稹凄凄惨惨踏上去往四川的行程，他形容自己是："饥摇困尾丧家狗，热暴枯鳞失水鱼。"

两人当初发起新乐府运动时是那么勇敢无畏，但当政治斗争向他们露出狰狞的面容时，他们却毫无招架之力。

刘禹锡和柳宗元也没有逃脱贬谪的厄运。此时，韦贯之为中书左丞、同中书门下平章事，裴度为门下侍郎，李绛为礼部尚书，权德舆为刑部尚书，崔群为礼部侍郎。除武元衡曾受过柳宗元的打压，政治观点略异外，应该说，其他几人对刘禹锡、柳宗元都是怀有好感的。

刘禹锡和柳宗元也期待着这次回京能得到重用。可是这时的宰相武元衡恶毒攻击刘禹锡、柳宗元二人，而刘禹锡偏偏这时候去玄都观赏花写了一首诗："紫陌红尘拂面来，无人不道看花回。玄都观里桃千树，尽是刘郎去后栽。"反对派抓住这首诗大做文章，认为这首诗的意思是：玄都观里轰动一时的桃花是在刘郎去后栽的，朝堂之上芸芸众官，是刘郎被排挤出朝之后才被提拔起来的。这触怒了敏感的唐宪宗。

唐宪宗本就是唐顺宗禅位才当上皇帝的，当时传闻他逼宫上位，并涉嫌杀了自己的父亲。他认为这种传闻和参与永贞革新的人脱不了干系，所以格外痛恨刘禹锡、柳宗元等人。本来吴元济叛唐，朝廷正是用人之际，唐宪宗却坚持不用二人。柳宗元二十岁中进士，二十五岁就考取了博学鸿词科的制举考试；刘禹锡更是神童级人物，二十二岁时金榜题名中进士，紧接着也考取了博学鸿词科。他被授予太子东宫的校书郎时，当时才二十四岁。这两人毋庸置疑都是难得的人才。

结果，在元稹离京后，柳宗元出任柳州刺史，形同再次被贬。刘禹锡原本出任播州（今贵州遵义）刺史，那里人烟稀少，极为荒凉，幸好御史中丞裴度上书朝廷，说刘禹锡家中有年迈的老母亲，需要他尽孝心，不宜远放，朝廷才下旨将刘禹锡放逐到了连州（今广东清远）。

刘禹锡、柳宗元被贬，朝廷讨伐吴元济不顺利，让长安多了一份肃杀之气。

此时的白居易因为任的是个闲职，又没有上书言政的权力，本来暂时是安全的。然而朝廷并不平静。成德节度使王承宗、淄青节度使李师道遥相呼应吴元济，不但暗中资助他粮草，还不停派人到长安各权贵家中游说，希望他们替吴元济说情。六月，王承宗派遣特使，会见宰相武元衡，请求赦免吴元济，特使辞礼悖慢，威胁恐吓。武元衡一怒之下，将他逐出府去。

六月三日，武元衡从居所静安里出门去上朝。刚出居所，突然有人从暗处袭杀他。随从逃散，暴徒拉着武元衡所乘车马来到偏僻处，将他杀死，取其头颅而去。同时，刚刚升入刑部侍郎的裴度在通化坊也遭到袭击，头部受伤，从马上摔进沟里，幸免于难。

幕后凶手昭然若揭，定是王承宗和李师道两者之一，然而无实际证据，满朝廷臣皆不敢言。主要是因为当时的宰相们一致认为要先集中兵力征讨淮西的吴元济，不想过早和王承宗、李师道撕破脸，于是把武元衡当成了牺牲品。

武元衡被害真正的负面影响是藩镇节帅损害了唐宪宗的皇权威信，如何重塑威信是解决这一案件背后的最大隐衷。如果这一事件处置不当，战火四起，唐宪宗苦心经营的"元和中兴"将不复存在。他试图削藩、约束并打击不听话的藩镇所树立起来的威信也会付之东流。

其实，杀害武元衡的幕后凶手到底是王承宗还是李师道，在这个时候已经不重要了。朝廷正在平定淮西，一时无法取胜，根本没有足够的实力再同时兴兵讨伐王承宗和李师道。唐宪宗想要树立威信，又不能出手，就得想出万全之策。

可白居易哪里会考虑这么多，他当天中午便上书论奏，请求尽快追捕凶手，严加惩处，以雪国耻。两天之内，长安城内的人都知道了这个消息。令人意想不到的是，白居易上奏之事传开，那些面对藩镇不敢直言的朝臣竞相开始责难于他。他们指责白居易越职言事，破坏朝廷制度。更有人翻出当年他母亲坠井而死的事情，指责他照顾不周，有违人子之道，还牵强附会地说，他母亲因为看花坠井而死，他反而写"赏花"及"新井"诗，是大不孝行为，违反人伦，有伤名教。两项罪名凑成，白居易被贬为江州刺史，诏命一出，中书舍人王涯又上疏，说白居易所犯事过，不宜治郡当刺史，于是，又追诏白居易为江州司马。

白居易的一颗火热赤诚的爱国之心，被朝廷的贬谪诏令浇了个透心凉，让他终生都意难平。从此以后，他想在官场做一番大成就、振兴大唐的渴望之火彻底熄灭，以后余生再不复燃。因为他始终想不通，他何错之有！

第二年，他在给他的姻亲兼好友杨虞卿的信中诉说这件事时，说心中那股"郁结之志，旷然未舒"。

白居易陷在自己的情绪里久久无法自拔。其实他只要细细分析，不那么就事论事，看见事件背后的真相，应该就能平静下来。

当时的宰相，即担任同平章事职务的，除了已死的武元衡，还有张弘靖、韦贯之、韩弘、王锷四人。张弘靖是杜佑门生，对白居易自然没有好感，而且他和王承宗关系特别密切，因而主张讨伐淮西的吴元济，反对讨伐王承宗；韦贯之倒是可能对白居易有些好感，但不幸的是，他当时也主张先集中兵力讨伐相对孤立的淮西的吴元济，对于王承宗则尽量以安抚为主，并不主张追查杀害武元衡的凶手；至于韩弘、王锷，都是以藩镇兼任宰相的，他们向来反对强硬削藩的武元衡，对于武元衡被刺，他们弹冠相庆还来不及，自然不想去追查王承宗的罪行。更何况，白居易以前还弹劾过王锷，使王锷晚了六年才当上宰相。因此，王锷对白居易可谓恨之入骨。还有就是吐突承璀，这个白居易的死对头一直在寻找机会报复白居易。

白居易不论以前弹劾谁，都是出于大义，出于对大唐的忠诚，但这些老臣却都不以公心待他，只把他看作爱出风头、沽名钓誉、没有任何根底、只仗着皇帝的一点宠爱就四处抨击且口不择言的莽撞骄矜之辈。

古语有云，千夫诺诺，不如一士之谔谔。然而实际上，当一士谔谔的时候，千夫只会认为这"一士"狂悖无礼，群起而攻之。

而唐宪宗，作为最终下诏令的人，此时也对白居易没有好感了。他上一次讨伐王承宗，白居易曾强烈反对，结果朝廷军队无功而返，他就暗暗迁怒于白居易。这次他决定再次讨伐王承宗，有机会小小惩戒一下白居易，他决不会放过。当然，这只是表面原因。

武元衡之所以被唐宪宗任命为宰相，就是因为他力主削藩，主张武力收复淮西。朝中主战的官员寥寥无几，唐宪宗势单力孤，而白居易也明显不是主战派。白居易主张减轻赋税，让百姓休养生息，等国力渐渐壮大以后再解决藩镇问题；而唐宪宗认为藩镇权力过大，掌握着国家相当比例的财权和军权，只有裁撤藩镇，国力才能真正壮大起来，否则大唐中兴无从谈起。两人这一根本认识不同，是唐宪宗贬谪白居易的真正原因，也是深层原因。

唐宪宗倚仗宦官，但在即位后的最初几年对宦官势力也有所警惕、有所压制。他强硬收回藩镇权力的政策，让他在朝臣中得不到多大支持，他只好更重用和倚仗宦官，而整个宦官势力又对白居易极度不满。这也是白居易被贬的原因之一。

白居易不是不能接受被贬，而是无法接受以"越职言事、破坏朝廷规矩"和"大不孝"的理由被贬。朝廷的决定和他所受的教育、所学的道理都严重相违背。

白居易最后跟杨虞卿说，"以此获罪，可不悲乎"，他为自己悲，为朝廷悲，也为国家悲。

让白居易伤心的还有中书舍人王涯的落井下石。本来，王涯是白居易以前在翰林院的同僚。元和三年，白居易为制策考官。当有人对牛僧孺等人的考试结果提出异议，王涯遭贬时，白居易曾上书皇帝，极力替王涯等人说好话。如今王涯竟然恩将仇报、落井下石，可谓卑劣，这让白居易深刻领略了世道人心的险恶。王涯之所以做出这么阴险的事情，显然是在讨好吐突承璀和部分当朝宰相。果然，后来王涯就取代了韦贯之，任中书侍郎、同平章事，登上了宰相之位。

这是白居易步入仕途以来，遭受的第一次重大挫折，也是此生唯一一次。

按照唐朝的制度，贬谪诏令一下，白居易第二天便匆匆离开长安。启程时，只有老友李建一人为他送行。

秋日正萧条，驱车出蓬荜。回望青门道，目极心郁郁。岂独恋乡土，非关慕簪绂。所怆别李君，平生同道术。俱承金马诏，联秉谏臣笔。共上青云梯，中途一相失。江湖我方往，朝廷君不出。蕙带与华簪，相逢是何日。

——《别李十一后重寄》

任鄠县县尉的杨虞卿听到消息后自鄠县赶来，追至浐河，与白居易怅然而别。

因为当时战争未停，北方的水路不通，白居易从长安出发时没有走水路，而是走蓝田，过七盘岭，至蓝桥驿，越秦岭，到商州（今陕西商洛），过武关，经邓州，至襄阳，然后转水路。

蓝桥在蓝田县东南五十里处的蓝溪上，从蓝田县城到蓝桥驿，除了过七盘岭，还要经乱石岔、蟒蛇湾、鸡头关、六郎关等多个地方，也就是说，蓝桥不在平坦空阔处，而在万山丛莽之中。很多贬谪的士子都经过这条路。当初元稹被贬江陵，也经过这条路，作诗十七首。白居易写了和答诗十首，其中《和〈思归乐〉》中是这样形容这条路的："皆疑此山路，迁客多南征。忧愤气不散，结化为精灵。"

同年正月，元稹得诏令回长安时，也曾在这条路上写下《西归绝句十二首》以表达喜悦之情。他当时得到消息，知道刘禹锡、柳宗元也会返回长安，还写了一首《留呈梦得子厚致用》，题留在蓝桥的题壁上。想不到两个多月后，元稹、刘禹锡和柳宗元又先后被贬出长安。

更令白居易想不到的是，他自己也落得如此境地，在蓝桥，他见到元稹的诗句，心情复杂，随手也写下一首诗。

> 蓝桥春雪君归日，秦岭秋风我去时。每到驿亭先下马，循墙绕柱觅君诗。

> ——《蓝桥驿见元九诗》

过了蓝桥驿，便是过秦岭，过了秦岭，就再也看不到长安了。

> 草草辞家忧后事，迟迟去国问前途。望秦岭上回头立，无限秋风吹白须。

> ——《初贬官过望秦岭》

辞家，去国。白居易走到秦岭上，回望长安，心中痛楚不亚于剖心挖肝。那无限秋风，其实是他不可言说的悲凉心事，以及重重叠叠的忧虑。四十四岁的年龄，被莫须有的罪名赶出了长安，他这一生是否就此委顿落魄？

白居易从秦岭到商州，在驿站住了三天，等待家人赶来，然后一家人一起继续进发。

> 商州馆里停三日，待得妻孥相逐行。若比李三犹自胜，儿啼妇哭不闻声。
>
> ——《发商州》

李三，指的是友人李顾言，刚去世不久。白居易自嘲说，自己比李顾言强一些，还能听得见儿啼妇哭。可见他当时自暴自弃的心情。

白家一行人经由襄阳奔荆州。父亲白季庚曾在襄阳任别驾，而白居易也曾在襄阳居住。所以八月初，当他带着家人到达襄阳时，格外有感触，于是多留了几天。

> 昔到襄阳日，髼髼初有髭。今过襄阳日，髭鬓半成丝。旧游都是梦，乍到忽如归。东郭蓬蒿宅，荒凉今属谁。故知多零落，闾井亦迁移。独有秋江水，烟波似旧时。
>
> ——《再到襄阳访问旧居》

白居易再访自家旧居，感慨不已，自己从"初有髭"变成"髭鬓半成丝"，人生如梦如幻。当初的宅院，如今景况荒凉，不知主人是谁。旧友、邻居都已不见，不知道搬到哪里去了。只有江水依旧，烟涛微茫。所谓"物是人非"大概就是如此。

下马襄阳郭，移舟汉阴驿。秋风截江起，寒浪连天白。本是多愁人，复此风波夕。

——《襄阳舟夜》

白居易年轻时看汉江，"楚山碧岩岩，汉水碧汤汤"。现在水上行舟，再看汉江，是"秋风截江起，寒浪连天白"。他满怀愁绪，连汉江的水波动荡都感觉难以承受。

他从襄阳改走水路，所坐的船只沿着汉江顺流而下，到了郢州（今湖北钟祥）靠岸。早晨在渡口登陆休息时，他碰到一位京城来使，听说淮西叛军已经兵临洛阳城下，东都形势危急。

白雪楼中一望乡，青山簇簇水茫茫。朝来渡口逢京使，说道烟尘近洛阳。

——《登郢州白雪楼》

白雪楼是郢州著名的胜景，建于绝壁之上，地势高拔，宜于远眺。过路之人，无不登楼一望。白居易登上白雪楼，回望北方，只有群山重叠，水流茫茫，故乡已远在千里之外，连看一眼也不可能了。而早上听说淮西叛军逼近了洛阳，不知近况如何，也不知事态会如何发展。纵然被贬心意难平，他依然忧心国事。这是白居易和所有儒家士大夫们刻在骨血中不变的情怀。

其实这个时候白居易也是支持朝廷对淮西用兵的。他不主张朝廷主动挑起事端以削藩，引起战争。但对那些背叛朝廷的藩镇，他是绝对主张予以剿灭的。

尤其是淮西，地处中原腹心之地，扼江淮至长安的漕运通道，控制颍河、汝河入淮口岸，战略地位非常重要。白居易幼年时，当时的淮西节度使李希烈背叛朝廷，与淄青、河朔等叛唐的藩镇首领互相往来，攻陷河南诸州。白居易一家几番避难，万千百姓流离失所。更重要的是，江淮财税经汴渠输往关中的通道断绝，直接给大唐以沉重的打击。此次征战淮西，朝廷的军队若迟迟不胜，很可能导致一连串叛变。白居易深知淮西的重要性，因此十分忧心。

白居易路经鄂州（今湖北武昌），因有友人迎宴，登上了黄鹤楼。他乘船离开鄂州，便入长江航行，东去九江。在江行途中，他在船中细读元稹临去四川通州之前送给他的诗卷。

把君诗卷灯前读，诗尽灯残天未明。眼痛灭灯犹暗坐，逆风吹浪打船声。

——《舟中读元九诗》

他所读的元稹的诗卷是《放言长句诗五首》，元稹的诗写得恣意跌宕，狂放洒脱，白居易很受感染。

近来逢酒便高歌，醉舞诗狂渐欲魔。五斗解醒犹恨少，十分飞盏未嫌多。眼前仇敌都休问，身外功名一任他。死是老闲生也得，拟将何事奈吾何。

......

三十年来世上行，也曾狂走趁浮名。两回左降须知命，数度登朝何处荣。乞我杯中松叶满，遮渠肘上柳枝生。他时定葬烧缸地，卖与人家得酒盛。

这样洒脱的诗句安慰了挫折中的白居易，也激发了他心中的豪情，就此写了《放言五首》。

赠君一法决狐疑，不用钻龟与祝蓍。试玉要烧三日满，辨材须待七年期。周公恐惧流言日，王莽谦恭未篡时。向使当初身便死，一生真伪复谁知？

——《放言五首·其三》

他在诗中告诫自己，要经得起时间的检验，等待"试玉""辨材"期满，事实自会澄清，真伪自会辨明，要相信不白之冤总会有清洗之日。

其实，白居易被贬一路去往江州的时候，元稹也过得不好。他所在的四川通州，非常偏僻穷困，他曾写信给白居易诉苦："通之地……大有虎、豹、蛇、虺之患，小有蟆蚋、浮尘、蜘蛛、蛒蜂之类，皆能钻啮肌肤，使人疮痏。夏多阴霪，秋为痢疟，地无医巫，药石万里，病者有百死一生之虑。"果然，他到了通州因为愁病交加，一度差点病死。病中的元稹得知白居易被贬，写下一首《闻乐天授江州司马》：

残灯无焰影幢幢，此夕闻君谪九江。垂死病中惊坐起，暗风吹雨入寒窗。

"暗风吹雨入寒窗"，这是元稹的惨况，又何尝不是白居易的境遇呢？

第四章

草堂苦悲吟，消尽是非心

元和十年，四十四岁的白居易被莫须有的罪名赶出长安，到江州任江州司马。这又是一个闲职。好在江州刺史崔能对白居易十分礼遇，他才有了大把的时间，将自己的诗文进行分类，又与好友元稹通信交趣，好不自在。虽是贬谪，但在长安丢失的尊严在江州找了回来，而且名利双收。

江州司马青衫湿

经过一路颠簸，元和十年八月初，白居易终于带着家人到达江州。

> 江回望见双华表，知是浔阳西郭门。犹去孤舟三四里，水烟沙雨欲黄昏。
>
> ——《望江州》

> 浔阳欲到思无穷，庾亮楼南溢口东。树木凋疏山雨后，人家低湿水烟中。菰蒋喂马行无力，芦荻编房卧有风。遥见朱轮来出郭，相迎劳动使君公。
>
> ——《初到江州》

江州在长江南岸，当时有领溢城、浔阳、彭泽三县，州治在浔阳（江西九江），是唐代江南道较大的水运码头之一。白居易的船快到浔阳时，先看到路边高立的华表，才知道那里是浔阳的城门。

浔阳是他此行的目的地。眼看要到了，他心中却不是滋味。听说庾亮楼是当地胜景，然而这里的景象却很凋敝：民居地处低湿之地，像坐落在水烟之中；房屋全用芦苇编成，简陋得可以透风。不过令人欣慰的是，刺史出城来迎接他了。

江州刺史崔能，也是读书人出身，对白居易的名声早有耳闻，特别敬重他，尽己之力为白居易提供便利，早早给白居易安排了官舍，为他采买了各种用品。白居易见官舍就在浔阳江边，甚觉满意，还特地写了首诗来描绘了自己的"司马宅"：

> 雨径绿芜合，霜园红叶多。萧条司马宅，门巷无人过。唯对大江水，秋风朝夕波。
>
> ——《司马宅》

江州司马是白居易的官职，那么司马到底管些什么呢？司马的职能是什么呢？在唐代，刺史多兼任将军，既是将军，那就有一套军事系统，又因为是刺史，还有一套行政系统。司马一职，为军府之官，理军事。司马是州刺史管理军事的副职。

有趣的是，这个司马可以不管事，也无事可管。其原因是唐肃宗、唐代宗以来，藩镇势力逐渐膨胀，节度使、观察使可以自行聘用助手（使府辟署），叫幕职。如果州县有事，则遣幕职去处理，甚或州县主官空缺，也可以由幕职暂时代理，再报中央政府或正式批准，或另行任命。这样一来，反而使得州这一级的长史、司马无事可干。司马虽无事可干，然而俸禄倒还不错。《唐典》："上州司马，秩五品，岁廪数百石，月俸六七万。官足以庇身，食足以给家"，"州民康，非司马功；郡政坏，非司马罪。无言责，无事忧"。

唐朝的州，分为上州、中州、下州，分类的依据是人口多寡。满四万户为上州，二万五千户为中州，不足两万户为下州。江州属于上州，所以同为司马，白居易的待遇远比刘禹锡和柳宗元要好得多，也比元稹好得多。

司马是个闲职，江州刺史崔能又对白居易极为礼遇，白居易便一头扎进书房，开始将自己的诗文分类整理成册。他把约八百首诗歌分为四类：第一类是有"美刺比兴"的，以及题为新乐府的，称之为讽喻诗；第二类是"吟玩性情"的，称之为闲适诗；第三类是感遇咏怀的，称之为感伤诗；第四类是其他五言、七言、长句、绝句等，叫杂律诗。白居易看着这些诗，想着自己这些年的经历和遭遇，遇到的坎坷和委屈，感觉不吐不快。于是，他立即研墨铺纸，给他最要好的朋友元稹，写了一封长信，这就是著名的《与元九书》。

在《与元九书》中，白居易慨叹"六义"衰微，诗道崩坏："上不以诗补察时政，下不以歌泄导人情，乃至于谄成之风动，救失之道缺。于时六义始刓矣。"他又提出了自己的文学主张，"文章合为时而著，歌诗合为事而作"。他回顾了自己"始得名于文章，终得罪于文章"的经历，表达自己并不后悔的心声。他认为自己虽在仕途上遭受挫折，但历年来自己写的几百首诗却足以自矜自慰。

不过，他又说："古人云，穷则独善其身，达则兼济天下。仆虽不肖，常师此语。……故仆志在兼济，行在独善，奉而始终之则为道，言而发明之则为诗。谓之讽喻诗，兼济之志也；谓之闲适诗，独善之义也。故览仆诗者，知仆之道焉。"他虽说不后悔之前写讽喻诗，但决定之后只写闲适诗，这表明他选择从此独善其身。

白居易被贬出长安，尊严扫地，来到江州，江州却给他带来无上的荣光和名利，可谓失之东隅，收之桑榆。元和十一年（816年），新年刚过，也就是白居易到江州才三四个月，庐山东林寺的道深、怀纵等二十多个僧人，率领上千人，带着十万钱，来到浔阳司马府，请求白居易为在东林寺逝世的景云大师上弘撰写墓志铭。这一场声势浩大的请求活动，不仅为白居易扬了名，也让白居易得到极大的满足，一下子拉近了与江州佛教界的距离。早先白居易因心情苦闷问佛修道，之后他更是在佛理上多多修习，以求摆脱种种烦恼和困顿。

> 花尽头新白，登楼意若何？岁时春日少，世界苦人多。愁醉非因酒，悲吟不是歌。求师治此病，唯劝读楞伽。
>
> ——《晚春登大云寺南楼赠常禅师》

那时，白居易有的是时间遍游江州附近的山水名胜。其中庐山和陶渊明故里更是令他流连忘返的地方。

陶渊明的故里栗里村，在江州西南的柴桑山下。白居易游庐山时，专程访问了陶渊明故里，写下《访陶公旧宅》：

> 垢尘不污玉，灵凤不啄膻。呜呼陶靖节，生彼晋宋间。心实有所守，口终不能言。永惟孤竹子，拂衣首阳山。夷齐各一身，穷饿未为难。先生有五男，与之同饥寒。肠中食不充，身上衣不完。连征竟不起，斯可谓真贤。我生君之后，相去五百年。每读五柳传，目想心拳拳。昔常咏遗风，著为十六篇。今来访故宅，森若君在前。不慕樽有酒，不慕琴无弦。慕君遗荣利，老死此丘园。柴桑古村落，栗里旧山川。不见篱下菊，但馀墟中烟。子孙虽无闻，族氏犹未迁。每逢姓陶人，使我心依然。

白居易极为崇拜陶渊明，在下邽丁忧的时候，就模仿陶渊明的"饮酒诗"写过《效陶潜体诗十六首》。其实，两人有诸多相似之处，陶渊明的祖上陶侃曾是东晋著名的政治家、军事家，只是到了陶渊明那一代时，家道中落，家境贫寒。白居易的出身与他的相似。陶渊明二十九岁才出仕做官，年少时也曾意气风发，豪气干云，"猛志逸四海，骞翮思远翥"，"少时壮且厉，抚剑独行游。谁言行游近？张掖至幽州"。但出仕后的十多年中，他也只担任过祭酒、参军等职务，心中抱负无法施展。这和白居易当下的境遇也相似。陶渊明回归田园，而白居易也种过田。陶渊明作的诗，不受当时官僚士大夫的欢迎，这一点白居易和他更是相同。

所以当白居易见到陶渊明住过的房子，耕种过的田亩，陶诗中的山川河流、丘壑沟渠，心中更是有一种奇特的感觉，仿佛和陶渊明心神契合、灵魂相接。当他再去读陶渊明的诗，陶渊明的高洁不群、洒脱恬淡便给了他一种极大的精神安慰。

此后白居易写了一系列的闲适诗，比如《引泉》《竹窗》《小宅》《春日闲居三首》，诗中都有陶渊明的影子。

陶云爱吾庐，吾亦爱吾屋。屋中有琴书，聊以慰幽独。是时三月半，花落庭芜绿。舍上晨鸠鸣，窗间春睡足。睡足起闲坐，景晏方栉沐。今日非十斋，庖童馈鱼肉。饥来恣餐歠，冷热随所欲。饱竟快搔爬，筋骸无检束。岂徒畅肢体，兼欲遗耳目。便可傲松乔，何假杯中渌。

——《春日闲居三首》（节选）

白居易崇拜陶渊明是肯定的，但并不想要过陶渊明那样的生活，因为那并不符合他"足适、身适、心适"的追求。他讲求物质生活，受不了长期躬耕田亩的苦楚。

庐山，在江州城南二十五里左右，是著名的风景名胜地。其实庐山并不算高，主峰汉阳峰海拔还不到一千五百米，但由于一山突兀，四傍无依，孤悬于长江之滨、鄱阳湖畔，因此显得格外壮观。白居易游庐山时，在东林寺里住了一些日子，游遍了附近的名胜古迹。他发现在香炉峰与遗爱寺之间，有一片风景绝佳之地。他觉得这是一个远离尘俗的桃源之地，于是产生了修建草堂的念头。

贾生俟罪心相似，张翰思归事不如。斜日早知惊鹏鸟，秋风悔不忆鲈鱼。胸襟曾贮匡时策，怀袖犹残谏猎书。从此万缘都摆落，欲携妻子买山居。

——《端居咏怀》

　　贾生，指的是贾谊。贾谊年少成名，有才学。汉文帝爱才，任他为博士，并很快升他为太中大夫。但贾谊受到大臣周勃、灌婴的排挤，后谪为长沙王太傅，不得重用。张翰，西晋的文学家，出身东吴，身背亡国之痛，在晋朝为官。后来，因不愿卷入晋室八王之乱，借口秋风起，思念家乡的莼羹、鲈鱼，他辞官回吴淞江畔。白居易提贾谊和张翰两人，是感觉自己遭贬谪，和贾谊疏论时政而遭流放一样无奈，而并不像张翰思念家乡莼羹鲈鱼而辞官归乡。他曾经胸怀匡时济世之良策，袖藏规劝君王惩恶扬善的谏书，然而自己的良策与谏书并没有得到珍惜与在意，反而招致敌意和祸患。他觉得不如从此摆脱尘缘，买块山地同妻儿一道筑室隐居。

　　这一年，他的女儿阿罗出生。也是在这一年，他的长兄白幼文携"诸院孤小弟妹六七人自徐州至"，大有托孤之意。白氏家族是个大家族，白居易这一辈兄弟众多。白幼文一生都只做了浮梁县尉一职，如今病体衰竭，他也只能将这些无人照管的弟弟妹妹托付给白居易。白居易自然要为白家谋划，这是他不可推托的责任。纵然他在官场走得坎坷，也要教导子侄辈苦学成才。像他们这样的寒门读书人唯有科举入仕这一条路可走。这一点，他和弟弟白行简都一直深信不疑。送走哥哥白幼文，他更思念远在巴蜀的弟弟白行简。

　　郁郁眉多敛，默默口寡言。岂是愿如此，举目谁与欢。去春尔西征，从事巴蜀间。今春我南谪，抱疾江海壖。相去六千里，地绝天邈然。十书九不达，何以开忧颜。渴人多梦饮，饥

103

人多梦餐。春来梦何处，合眼到东川。

——《寄行简》

即使江州山好水好人好，白居易也没有一天真正感觉快乐。谪迁，就像一道心灵枷锁，即便他游遍江州的山山水水，也无法排遣内心的痛苦。同年秋，白居易送客到湓浦口，遇到琵琶女，心中感慨万千，写就一首《琵琶行》，尽情宣泄自己无法排遣的落莫。

这首诗的诗序说明写作缘由："元和十年，予左迁九江郡司马。明年秋，送客湓浦口，闻舟中夜弹琵琶者，听其音，铮铮然有京都声。问其人，本长安倡女，尝学琵琶于穆、曹二善才，年长色衰，委身为贾人妇。遂命酒，使快弹数曲。曲罢悯默，自叙少小时欢乐事，今漂沦憔悴，转徙于江湖间。予出官二年，恬然自安，感斯人言，是夕始觉有迁谪意。因为长句，歌以赠之，凡六百一十六言，命曰《琵琶行》。"其实最初吸引白居易的是"铮铮然有京都声"，白居易是识曲之人，能从琵琶声中听出在长安流行的曲调和长安人独特的弹琵琶的技法。"问其人，本长安倡女。"这让想念长安的白居易有了一种遇到"半个故乡人"的感觉。

"……自言本是京城女，家在虾蟆陵下住。十三学得琵琶成，名属教坊第一部。曲罢曾教善才服，妆成每被秋娘妒。五陵年少争缠头，一曲红绡不知数。钿头银篦击节碎，血色罗裙翻酒污。"

据考证，琵琶女住的"虾蟆陵"在长安的常乐坊，而白居易任校书郎时寓居之处也在常乐坊；琵琶女风头正盛时的情形，和白居易在长安时的意气风发也十分相似。他任翰林学士时，也曾"厩马骄初跨，天厨味始尝。朝晡颁饼饵，寒暑赐衣裳。对秉鹅毛笔，俱含鸡舌香"。一士一伎，在盛年时期都靠着才华获得过短暂的虚荣和奢华生活，这方面他们是如此相似。

"今年欢笑复明年，秋月春风等闲度。弟走从军阿姨死，暮去朝来颜色故。门前冷落鞍马稀，老大嫁作商人妇。商人重利轻别离，前月浮梁买茶去。去来江口守空船，绕船月明江水寒。夜深忽梦少年事，梦啼妆泪红阑干。"琵琶女年老色衰嫁作商人妇，独守空船，夜里梦回从前，醒后啼哭，伤感无限。白居易则是从受重视受提拔到受冷落，又从受冷落到被贬出长安，也经历了从繁华到冷清的巨大变迁。

"我闻琵琶已叹息，又闻此语重唧唧。同是天涯沦落人，相逢何必曾相识！……今夜闻君琵琶语，如听仙乐耳暂明。莫辞更坐弹一曲，为君翻作《琵琶行》。感我此言良久立，却坐促弦弦转急。凄凄不似向前声，满座重闻皆掩泣。座中泣下谁最多？江州司马青衫湿。"

在江州与长安琵琶女的一次偶然邂逅，激起了白居易心中不可名状的悲伤与委屈。这一次的士伎同悲，也成就了永恒的经典。

这种士伎同悲的题材，刘禹锡和柳宗元也写过。刘禹锡写过《泰娘歌》，柳宗元写过《太府李卿外妇马淑志》，女伎泰娘和马淑皆因随侍的主人贬官南蛮而终失其所依，从繁华到荒凉，士伎命运如此相同，自然更容易产生"同是天涯沦落人"之感。其他文人比如李绅、杜牧也写过题材相同的诗歌。而这种士伎同悲的情怀，在中晚唐出现绝非偶然，它是文学与艺术、诗人与社会交互作用的结果，它的出现有着独特的文化内涵与文学意义。

从楚辞开始，古代诗歌通常以男女关系比喻君臣关系，经常以女子失宠来表达文人政治上的失意。可是到了中唐，政治的多变让中唐的士子文人经历了更多的坎坷，也让他们的心灵更加脆弱，他们逐渐从关注政治理想过渡到关注个人生活与内心世界。以前以男女关系比喻君臣关系的诗歌，目光始终是向上的，始终看着天子，而士伎同悲的诗歌，目光则是向下的，关注的是身边的个体在社会、政治生活中的无奈与痛苦。

当一个王朝无可遏止地走向衰败时，所有的人都不可避免地被裹协其中，不管是地位低下的女伎还是高人一等的士子。从另一个角度来看，当一个寒窗苦读多年、满腹才华的士子，赫然发现自己和女伎的命运毫无区别，这对士子来说，该是多么痛苦的一次顿悟。

元和十二年（817年），白居易开始在庐山脚下营建草堂，三月中旬落成，于三月二十七日入住。他即事咏怀，题诗于石上。

　　香炉峰北面，遗爱寺偏西。白石何凿凿，清流亦潺潺。有松数十株，有竹千余竿。松张翠伞盖，竹倚青琅玕。其下无人居，惜哉多岁年。……言我本野夫，误为世网牵。时来昔捧日，老去今归山。倦鸟得茂树，涸鱼返清源。舍此欲焉往，人间多险艰。

　　　　　　——《香炉峰下新置草堂，即事咏怀，题于石上》

白居易对这座草堂极为满意，写完了诗，在草堂会完老友后，又写了一篇《草堂记》，文中写道："郡守以优容而抚我，庐山以灵胜待我，是天与我时，地与我所，卒获所好，又何以求焉？尚以冗员所羁，余累未尽，或往或来，未遑宁处。待予异时弟妹婚嫁毕，司马岁秩满，出处行止，得以自遂，则必左手引妻子，右手抱琴书，终老于斯，以成就我平生之志。清泉白石，实闻此言。"

他给元稹写信，说自己建草堂，一为庐山的神秀，二为对隐士、高僧的追慕，三为东西二林寺、遗爱寺僧人的招引。其实这些都不是真正的理由。他真正的理由是想用山水浇心中之块垒，妄图借草堂安顿身心来抵消对庙堂的渴望。

求佛问道熄雄心

在江州，白居易的时光慢了下来。他徜徉于山水之间，写诗、读诗，会友、品酒；他穿梭于寺庙、道观之间，求佛法，练仙丹，与高僧辩论佛理，与道士对谈生死；他关爱族中亲人，安排弟弟妹妹的婚事，亲自教习侄子功课；他关心国事，担忧淮西军情，与官场老友唱和……江州给苦闷的白居易提供了心灵栖息之所，他的诸多诗篇佳作就是在江州写成。

绿蚁新醅酒，红泥小火炉。晚来天欲雪，能饮一杯无？

——《问刘十九》

人间四月芳菲尽，山寺桃花始盛开。长恨春归无觅处，不知转入此中来。

——《大林寺桃花》

涑涑三峡水，浩浩万顷陂。未如新塘上，微风动涟漪。小萍加泛泛，初蒲正离离。红鲤二三寸，白莲八九枝。绕水萍成径，护堤方插篱。已被山中客，呼作白家池。

　　　　　　——《草堂前新开一池，养鱼种荷，日有幽趣》

有学者统计，白居易在江州、庐山写的诗有三百八十首之多。他每逢遇到好景、好友，总忍不住写诗，写成之后，还会独自攀到无人之处吟哦。

人各有一癖，我癖在章句。万缘皆已消，此病独未去。每逢美风景，或对好亲故。高声咏一篇，恍若与神遇。自为江上客，半在山中住。有时新诗成，独上东岩路。身倚白石崖，手攀青桂树。狂吟惊林壑，猿鸟皆窥觑。恐为世所嗤，故就无人处。

　　　　　　　　　　　　　　　——《山中独吟》

写诗，是白居易逃避现实痛苦的途径之一，也是他给自己创造成就感的方法之一。不过，他自己对在江州的诗作并不是很满意，曾在《早春闻提壶鸟因题邻家》写道："厌听秋猿催下泪，喜闻春鸟劝提壶。谁家红树先花发？何处青楼有酒酤？进士粗豪寻静尽，拾遗风采近都无。欲期明日东邻醉，变作腾腾一俗夫。"的确，他这一时期的诗大部分都是自伤自叹之词，不再以诗为武器，抨击黑暗严酷的社会环境。正如诗中所言，在江州，他饮酒颇多。"清瘦诗成癖，粗豪酒放狂"是白居易给自己的自画像。

在江州，饮酒会友是白居易的日常生活，是他保持精神愉悦的方法。

甕头竹叶经春熟，阶底蔷薇入夏开。似火浅深红压架，如

饧气味绿粘台。试将诗句相招去，傥有风情或可来？明日早花
应更好，心期同醉卯时杯。

———《蔷薇正开春酒初熟因招刘十九张大崔二十四同饮》

眷盼情无限，优容礼有馀。三年为郡吏，一半许山居。酒
熟心相待，诗来手自书。庾楼春好醉，明月且回车。

———《山中酬江州崔使君见寄》

有诗，有酒，有友，还有一个非常礼遇他的顶头上司，白居易
其实已经足够幸运了，然而他还是无法从贬谪的痛苦中解脱出来。
这一点，他远不如刘禹锡。他与刘禹锡同年，刘禹锡参与永贞革新，
被贬谪到朗州（今湖南常德）长达十年之久，回长安一个月后，又
再度被贬到广东连州。当时连州还是一个文化落后的蛮荒之地，识
字的人可能都没有几个。当白居易在江州以酒以诗会友的时候，刘
禹锡在连州亲自登台讲学，教化当地。元和十二年，连州就出了第
一个进士刘景，老师自然是刘禹锡。哪怕多年以后，刘禹锡垂垂老
矣，大好年华已逝，半生都在贬谪生涯中度过，依然豪气干云地写
下振聋发聩的《陋室铭》。

白居易没有刘禹锡那样的乐观精神和改造环境的勇气。他遇到
挫折就和自己、和官场、和社会环境适度地妥协，他要寻找让自己
的身体和心灵都舒适的生活方式。当初，他丁忧下邽时，家计艰难，
女儿夭折，前途不明，他就曾经向佛、道两家去寻求安慰。当被贬
江州时，他就更倾向于钻研佛、道教义摆脱痛苦。

江州的僧人对白居易的才学极为推崇，白居易和江州各寺庙的
僧人往来频繁，还曾在他的草堂里与僧俗二十二人集会畅谈佛理。
据桑乔《庐山纪事》记载，白居易访问归宗寺时，智常禅师就在寺

中。智常禅师，得法于马祖道一禅师，是六祖慧能三世法嗣。

当时智常禅师正袒露一臂，亲自涂刷墙壁，白居易将泥桶递给他。智常问："你是儒还是释?"白居易答道："儒。"智常又问："是君子儒还是小人儒?"答："君子儒。"智常又说："我听说儒者中有白乐天，是你吗?"答："是的。"智常说："今日我们有递桶的缘分。"表明智常接纳了白居易。

事实上，白居易在江州还和多位高僧有过交往，他所写的关于佛禅的诗歌就有四十多首。离开江州后，他也多次将自己的诗稿、文集交给江州的东林寺收藏。

他亲近佛教的同时，也对道家和道教浸淫颇深。在《咏意》中，他写道："常闻南华经，巧劳智忧愁。不如无能者，饱食但遨游。平生爱慕道，今日近此流。""此流"，即道家者流也。

> 岩白云尚屯，林红叶初陨。秋光引闲步，不知身远近。夕投灵洞宿，卧觉尘机泯。名利心既忘，市朝梦亦尽。暂来尚如此，况乃终身隐。何以疗夜饥，一匙云母粉。
>
> ——《宿简寂观》

> 行行觅路缘松峤，步步寻花到杏坛。白石先生小有洞，黄芽姹女大还丹。常悲东郭千家冢，欲乞西山五色丸。但恐长生须有籍，仙台试为检名看。
>
> ——《寻王道士药堂因有题赠》

> 空王百法学未得，姹女丹砂烧即飞。事事无成身老也，醉乡不去欲何归。
>
> 两鬓千茎新似雪，十分一盏欲如泥。酒狂又引诗魔发，日

午悲吟到日西。

——《醉吟二首》

云母粉，是一种炼丹的矿物质；黄芽是从铅中炼出来的精华；姹女是水银。从诗歌可见，白居易曾深度参与炼丹。他还在诗中提到了几位炼丹的道士，有郭虚舟、李炼师、萧炼师、王道士等。多年之后，道友一个个去世，白居易认清了炼丹的本质，曾在《思旧》中写道："闲日一思旧，旧游如目前。再思今何在，零落归下泉。退之服硫黄，一病讫不痊。微之炼秋石，未老身溘然。杜子得丹诀，终日断腥膻。崔君夸药力，经冬不衣绵。或疾或暴夭，悉不过中年。唯予不服食，老命反迟延。"从这几句诗可知，韩愈、元稹、崔群皆服过丹药。

当然，白居易炼丹纯属为了解闷，平日里还是以读老庄经典为主。老子的无为而治、道法自然，庄子的逍遥狂放、虚无恬淡，给了他精神上的慰藉和安抚。他在《早春》中写道："雪消冰又释，景和风复暄。满庭田地湿，荠叶生墙根。官舍悄无事，日西斜掩门。不开庄老卷，欲与何人言。"诗中见人心，以前那个积极入世、勇于精进、直言劝谏、力求改革所有弊政的白居易不见了。江州的白居易，追求的是有诗有酒恬淡无忧的生活。他当然还关心国事，当然还在意百姓，只是没有当初那份披肝沥胆的热诚，也没有那份挽救大唐于危亡的信心和勇气了。

白居易是白家的支柱，即使他游历山水，求佛问道，仍时刻不忘长兄白幼文所托，尽力照顾弟弟妹妹。自从元和十一年长兄白幼文把白家几个弟弟妹妹托付给白居易之后，白居易就尽力安排妹妹的婚姻大事，考虑再三，将她们送回老家下邽，为她们选配了良人。元和十二年，白幼文去世，白居易痛苦万分。他写了一篇《祭浮梁大兄文》，回忆当年家计艰难，自己远行千里，找长兄寻求支持，长兄俸禄微薄，却依然分出一部分米粮让他带走。

白幼文任浮梁主簿达十八年之久，未得升迁，一生穷困。白居易的悲痛之中又加了一份心酸和难以名状的忧伤。兄弟四人，如今只剩白居易和白行简，好在白行简有好消息传来：他要从四川来江州投靠白居易，兄弟俩总算要重逢。

如果说白居易对长兄白幼文是敬重，那么对弟弟白行简则是疼爱，并且多了一份知己之情。一来兄弟俩自小一起长大，长大后又一起苦学，又一起为母亲丁忧，感情自然深厚一些；二来白行简进士及第，后做秘书省校书郎，基本沿着哥哥的足迹走，而且同样善于辞赋，和白居易更谈得来。除兄弟情外，他们还有一种志同道合的感觉。

元和十三年（818年）春，白行简到江州，白居易写了一首《对酒示行简》，喜悦之情几乎要溢出纸外。

> 今旦一樽酒，欢畅何怡怡。此乐从中来，他人安得知。兄弟唯二人，远别恒苦悲。今春自巴峡，万里平安归。复有双幼妹，笄年未结褵。昨日嫁娶毕，良人皆可依。忧念两消释，如刀断羁縻。身轻心无系，忽欲凌空飞。人生苟有累，食肉常如饥。我心既无苦，饮水亦可肥。行简劝尔酒，停杯听我辞。不叹乡国远，不嫌官禄微。但愿我与尔，终老不相离。

两兄弟重逢，家的味道也浓了不少。白行简的小儿子小名龟郎，颇得白居易的喜爱，而白居易来江州之后又生了个女儿阿罗。两小儿在旁，白居易惬意地享受着天伦之乐，还写了一首小诗《弄龟罗》："有侄始六岁，字之为阿龟。有女生三年，其名曰罗儿。一始学笑语，一能诵歌诗。朝戏抱我足，夜眠枕我衣。汝生何其晚，我年行已衰。物情小可念，人意老多慈。酒美竟须坏，月圆终有亏。亦如恩爱缘，乃是忧恼资。举世同此累，吾安能去之。"

还有一首《官舍闲题》，颇能当作他此时日常生活的写照："职散优闲地，身慵老大时。送春唯有酒，销日不过棋。禄米麞牙稻，园蔬鸭脚葵。饱餐仍晏起，馀暇弄龟儿。"

白居易和弟弟团圆，自然心情舒畅。在这之前，他唯一放心不下的国家大事也终于有了结果，那就是淮西叛军兵败，战乱平息。

他被贬江州时，淮西战乱正起，淮西叛军气焰嚣张，朝廷派去的官军迟迟无法攻克。白居易在江州的这几年，一直关注着战事。

　　小郡大江边，危楼夕照前。青芜卑湿地，白露沉寥天。乡国此时阻，家书何处传。仍闻陈蔡戍，转战已三年。

　　　　　　　　　　　　　　　　　　——《西楼》

　　是年淮寇起，处处兴兵革。智士劳思谋，戎臣苦征役。独有不才者，山中弄泉石。

　　　　　　　　　　　　　　　——《春游二林寺》（节选）

　　淮右寇未散，江西岁再徂。故里干戈地，行人风雪途。此时与尔别，江畔立踟蹰。

　　　　　　　　　　　　　　　　　　——《送幼史》

此前，当白居易听说老友李景俭以幕僚的身份奔赴前线参加淮西战役时，立即写了一首诗祝贺他："谁能淮上静风波，闻道河东应此科。不独文词供奏记，定将谈笑解兵戈。泥埋剑戟终难久，水借蛟龙可在多。四十著绯军司马，男儿官职未蹉跎。"对于老友能去干实事、大事，为国效力，他其实是很羡慕的。对于这个有诗有酒能游山玩水的江州司马的职位，他又何尝真正满意过呢？

113

淮西叛乱是他被贬江州的源头。元和十二年，淮西叛军首领吴元济被俘，白居易听闻后，心情复杂，国仇私恨一起涌上心头。他找来刘十九，通宵喝酒下棋，分享喜悦，但也心存遗憾。

　　红旗破贼非吾事，黄纸除书无我名。唯共嵩阳刘处士，围棋赌酒到天明。

——《刘十九同宿，时淮寇初破》

"黄纸除书无我名"，白居易遗憾无法参与淮西平叛。因为除了李景俭，被贬的韩愈也曾在裴度的关照下以御史中丞的身份做监军，并兼任彰义军行军司马，去攻打蔡州，后来得胜还朝，因功授职刑部侍郎。

元和十三年，成德节度使王承宗主动献地认罪，李师道被属下所杀，淮西之乱彻底平定。淮西平叛战争的胜利，是大唐朝廷削藩事业中一次最大最彻底的胜利，标志着所谓"元和中兴"的真正到来，这也是唐宪宗最大的功绩。

同一年，白居易也等来了新的诏命，升任忠州（今四川忠县）刺史，结束了江州司马的贬谪生涯。

江州是白居易的转折地，是他"兼济天下"和"独善其身"的分界点。这次的贬谪挫折，使他看清了巍巍皇权的凌厉与威烈，看清了世道的污浊和人性的丑恶，看清了仅凭正直和才华难以立足官场的现实，看清了高高庙堂之下的诸多矛盾多么尖锐复杂。从此，他不得不收敛不平则鸣、踔厉奋发的性格，不得不把心中那股强烈的社会责任感和正义感强行压制下来，和周围的环境做相当程度的妥协。

从江州走出去的白居易，再也没有了当初写《卖炭翁》等讽谕诗时的尖锐正直。他的忠于职守、他的清廉正直、他的退而自保，都包含了一份世故和圆熟的处世智慧。

量移忠州辞旧地

不管白居易当初被贬谪的时候，有多么悲愤，在得知自己脱谪，升任忠州刺史的那一刻，他还是由衷地感激朝廷、感激唐宪宗。

> 炎瘴抛身远，泥涂索脚难。网初鳞拨剌，笼久翅摧残。雷电颁时令，阳和变岁寒。遗簪承旧念，剖竹授新官。乡觉前程近，心随外事宽。生还应有分，西笑问长安。
>
> ——《自江州司马授忠州刺史，仰荷圣泽，聊书鄙诚》

白居易曾在《江州司马厅记》中写道："江州，左匡庐，右江湖。土高气清，富有佳境。"他游览了"郡南楼山、北楼水、溢亭、百花亭、风篁、石岩、瀑布、庐宫、源潭洞、东西二林寺、泉石松雪"。他还在《与微之书》说："江州风候稍凉，地少瘴疠，乃至蛇虺蚊蚋，虽有甚稀。"然而待到要离开时，江州又成了"炎瘴"之地。这是为什么？

其实，这是相对"长安"而言的。无论白居易在江州过得多么惬意，他仍然认为远离长安的地方都荒远。不管这里经济有多么发达，物产有多么丰富，名胜古迹有多么值得观瞻，只要离长安远，这里就不是他理想的归宿。

白居易在江州求佛问道，在草堂养鱼种荷，虽然过得逍遥超脱，可他并没有放弃仕途，一直在谋求"量移"。量移是唐朝对贬谪官员逐渐减轻处罚乃至取消处罚的一项制度，一般表现为通过调动、提升职位，或从偏远地区调到离长安较近的地方任职。当然了，量移需等合适的契机。他曾在《自题》一诗中写道："功名宿昔人多许，宠辱斯须自不知。一旦失恩先左降，三年随例未量移。马头觅角生何日，石火敲光住几时。前事是身俱若此，空门不去欲何之。"

在他有些灰心的时候，机会出现了。元和十二年，他在翰林院的老友崔群出任中书侍郎、同平章事，当上了宰相，而陷害白居易的王涯则被罢免了相位。另外，淮西叛乱被平定了。唐宪宗非常高兴，于元和十三年正月宣布大赦，像白居易这样犯轻微过失的官员，自然也在大赦之列。

于是，白居易写信给崔群，请求他帮忙。当时的江西观察使裴堪、江州刺史崔能也为白居易说了不少好话。于是，经过崔群的协调运作，在元和十三年冬天，量移的诏书终于到达江州，任命白居易为忠州刺史。忠州当然也是偏僻之地，各方面的条件远不如江州，但毕竟算是升官、脱谪，白居易还是很高兴的，他非常感激崔群。

　　　提拔出泥知力竭，吹嘘生翅见情深。剑锋缺折难冲斗，桐尾烧焦岂望琴。感旧两行年老泪，酬恩一寸岁寒心。忠州好恶何须问，鸟得辞笼不择林。

　　　　　　　　　　　　　　　　——《除忠州寄谢崔相公》

116

忠州好不好且不去问他，先离开江州再说。但白居易的行动远不如诗中所表达的那样急迫。接到诏书时已经年关将至，他索性就先在浔阳城踏踏实实过年。

元和十四年（819年）正月，白居易才到洪州向江西观察使裴堪辞行。从行政隶属关系来看，裴堪是白居易的上司。到洪州后，裴堪同意白居易"借绯"，白居易很是感激，并为此写了一首诗。

新授铜符未著绯，因君装束始光辉。惠深范叔绨袍赠，荣过苏秦佩印归。鱼缀白金随步跃，鹘衔红绶绕身飞。明朝恋别朱门泪，不敢多垂恐污衣。
——《初除官蒙裴常侍赠鹘衔瑞草绯袍鱼袋因谢惠贶兼抒离情》

绯是指大红色，这里是指绯色官袍。根据当时的惯例，官员达到一定品阶与官职后，朝廷允许其穿着绯色官袍。唐朝制度规定，赐五品以上的官员鱼袋，以金银装饰，内装鱼符，出入宫廷时须经检查，以防作伪。三品以上用金饰鱼袋，五品以上用银饰鱼袋。绯袍银鱼是证明个人社会地位和官职品级的一种荣耀，是官居五品的象征。

白居易担任正四品下忠州刺史，按例可以穿绯袍，但因此次升官是量移所以没有资格，于是有了"借绯"一说。所谓"借绯"，无非是说，按照他当时的处境，并没资格穿绯色官服，但在一定条件下，可以开恩赐给他这个资格。白居易穿上绯袍心情复杂，"不敢多垂恐污衣"，可见他对这件官服的珍惜程度。

他回到江州后，接受众人来贺，又免不了以诗应答。他此时的心情较为复杂,最初脱谪、升官的兴奋之情过去,想到如今已经四十八岁,便生出人生蹉跎、功名皆幻的感慨来,更重要的是,他对江州生出了不舍之情。在他最为失意的时候,是江州接纳了他。他在这里的山水人情中得到了慰藉,在这里享受了难得的天伦之乐。骤然离去,他心中难免不舍。

  正听山鸟向阳眠,黄纸除书落枕前。为感君恩须暂起,炉峰不拟住多年。

  久眠褐被为居士,忽挂绯袍作使君。身出草堂心不出,庐山未要勒移文。

  三间茅舍向山开,一带山泉绕舍回。山色泉声莫惆怅,三年官满却归来。

——《别草堂三绝句》

"身出草堂心不出","山色泉声莫惆怅,三年官满却归来",白居易真正离开江州时,却惆怅起来。他不想做陶渊明,彻底回归田园,所以一直谋求升迁,可他也不愿做尸位素餐、蝇营狗苟的禄蠹,想要有一些作为,势必"心为形役",不得自由。

三月初,江州举办宴会,江州刺史崔能在城外设立了仪仗,欢送白居易。白居易写下了《浔阳宴别》,记录当时的盛况和心情:"鞍马军城外,笙歌祖帐前。乘潮发溢口,带雪别庐山。暮景牵行色,春寒散醉颜。共嗟炎瘴地,尽室得生还。"

白居易、白行简带着家人乘船逆流而上。路经岳阳时,一家人靠船登岸。白居易登上岳阳楼,在上面题诗一首。

  岳阳城下水漫漫,独上危楼倚曲栏。春岸绿时连梦泽,夕波红处近长安。猿攀树立啼何苦，雁点湖飞渡亦难。此地唯堪画图障，华堂张与贵人看。

——《题岳阳楼》

他登上岳阳楼远望，那夕照波红之处，似乎接近京城长安。升任忠州刺史，是他迈向长安的一大步。然而要真正到达长安，前面还有重重难关。洞庭湖水波浩荡，猿猴、大雁都难以渡过彼岸。白居易是在委婉地表达他对长安的思念之苦。长安是他的信仰，是他的渴望，也是他真正精神愉悦的所在。

一行人走到鄂州，白居易遇到鄂岳观察使李程。李程是他当初入翰林院成为翰林学士时的同僚。不过那是元和二年的事情，如今已经是元和十四年。

当时先后入翰林院的有李程、王涯、裴垍、李绛、崔群、白居易等人。那个时候，他们都意气风发，对未来充满向往。毕竟翰林学士是皇帝最亲近的顾问兼秘书官，有"内相"之称。唐朝实行群相制，所谓"同平章事"即是宰相。事实上，除了李程和白居易，其他几人都已经担任过或担任着宰相。

十二年时间过去，两人回忆往事，不免唏嘘。白居易更是感觉惭愧，自己是这几人之中境况最差的，连绯袍都是别人送的。他在诗中也表达了这样的心情。

连山断处大江流，红斾逶迤镇上游。幕下翱翔秦御史，军前奔走汉诸侯。曾陪剑履升鸾殿，欲谒旌幢入鹤楼。假着绯袍君莫笑，恩深始得向忠州。

——《行次夏口，先寄李大夫》

早接清班登玉陛，同承别诏直金銮。凤巢阁上容身稳，鹤锁笼中展翅难。流落多年应是命，量移远郡未成官。惭君独不欺憔悴，犹作银台旧眼看。

——《重赠李大夫》

两人都曾"同承别诏直金銮"。如今李程纵然不是宰相，也是一方大员，而白居易则"假着绯袍"，"量移远郡未成官"。他又是一个爱比较的人，心中难免自卑。不过，纵然再自卑，也被老友相见的喜悦冲淡了。

三月十日，白居易的官船行至夷陵（今湖北宜昌），与元稹的官船迎面相遇。元稹是从通州司马改授虢州长史，顺江东下。两人不期而遇，喜出望外，随即停舟，促膝长谈。两人从元和十年三月于长安分别以来，已经五年不见，此次会晤，难分难舍。第二天元稹掉转方向送白居易到下牢戍。第三天，两人分别之际，忽闻石间泉声，两人舍舟上岸，发现一个怪石嶙峋的山洞。白居易、元稹、白行简三人遂入洞游览，各自赋诗于石壁，白居易作序，将此洞命名为"三游洞"，并写了一首诗记录他与元稹在长江旅途偶遇的事情始末以及心情变化。

沣水店头春尽日，送君上马谪通川。夷陵峡口明月夜，此处逢君是偶然。一别五年方见面，相携三宿未回船。坐从日暮唯长叹，语到天明竟未眠。齿发蹉跎将五十，关河迢递过三千。……万丈赤幢潭底日，一条白练峡中天。君还秦地辞炎徼，我向忠州入瘴烟。未死会应相见在，又知何地复何年。

两人相聚三天，又要分别，再次相见，不知是何时。白居易和元稹虽然是一生的朋友，但除了最初在长安任校书郎的那段日子，此后余生他们都是长期离别，短暂相聚。白居易和元稹如此，刘禹锡和柳宗元如此，唐宋很多士大夫的友情皆是如此模样。

告别元稹，白居易继续前往忠州。船行至西陵峡，白居易还去拜访了王昭君故里，留下题咏。

在唐代天宝年间，有所谓"花鸟使"的官员，专门负责为皇帝秘密采选民间美女入宫。唐代皇帝后宫宫嫔之多，较汉代有过之而无不及。白居易曾在《上阳白发人》中描写过唐代宫女所遭受的不幸。这次写《过昭君村》，意图也是一样的：鞭挞皇室摧残少女的做法和制度。

官船进入瞿塘峡，正当夜间。山势之险峻、山景之奇特、行船之危险，让白居易印象深刻。

> 瞿唐天下险，夜上信难哉。岸似双屏合，天如匹练开。逆风惊浪起，拔笮暗船来。欲识愁多少，高于滟滪堆。
>
> ——《夜入瞿唐峡》

三月二十八日，白居易一家人总算平安到达了忠州。唐代的忠州，属山南东道，城在长江北岸，居民沿山筑城而居，是一座山城。城中居民不多，市井萧疏，几乎和村庄一样。他带着一家人上岸时，卸印刺史李景俭带领下属官吏在岸边迎接。他和李景俭是老友，李景俭当初作为幕僚去参加淮西平叛时，白居易还写信祝贺。如今两人见面，自然都十分高兴。

> 好在天涯李使君，江头相见日黄昏。吏人生梗都如鹿，市井疏芜只抵村。一只兰船当驿路，百层石磴上州门。更无平地

堪行处，虚受朱轮五马恩。

　　白居易对忠州的最初印象不是很好。唐代制度中刺史应该乘坐五马朱轮的车，可是在出门就是山路的忠州，是没有办法坐车的。不仅没办法坐车，以后怕是雇个仆人都难。

　　前在浔阳日，已叹宾朋寡。忽忽抱忧怀，出门无处写。今来转深僻，穷峡巅山下。五月断行舟，滟堆正如马。巴人类猿狖，矍铄满山野。敢望见交亲，喜逢似人者。

　　白居易的这次升迁，就所处环境而言，和被贬也差不多。

　　就在他从江州到忠州这段时间，一些消息令人喜忧参半。叛军首领李师道被杀，淄青叛乱平定。韩愈因为反对迎佛骨，被贬为潮州刺史。

　　四月，白居易还未真正在忠州安顿下来，就又收到消息，曾经在平叛淮西的战役中立过军功的宰相裴度被罢免。七月，令狐楚为宰相。朝廷又面临新一轮的权力洗牌。

第五章

士生一代间，谁不有浮沉

元和十二年，王涯被罢免，而白居易的老友崔群当上了宰相。在崔群的协调下，白居易被赦免，并且升官任职忠州刺史。虽是升职，但忠州是个偏荒之地，不及江州繁华。白居易到任后，摩拳擦掌，决意给自己三年的时间改变这里的面貌。但仅仅两年后，唐宪宗驾崩，给白居易的仕途又带来了转机。

种杏栽桃拟待花

白居易初到忠州，虽然贵为一州刺史，却因受当地贫困之限，受尽苦楚，衣食住行都成问题，于是他给元稹写信诉苦。

> 畬田涩米不耕锄，旱地荒园少菜蔬。想此土风今若此，料看生计合何如。衣缝纰颣黄丝绢，饭下腥咸白小鱼。饱暖饥寒何足道，此身长短是空虚。
>
> ——《即事寄微之》

所谓"畬田"，本是指采用刀耕火种的方法耕种的田地。在唐代，它指的是一种不设堤埂、顺坡而种的坡田。由于顺坡而种、不设堤埂，农田水土流失相当严重，而且使用寿命很短，一般种三年，就不能再种了。忠州刺史的禄米给的是畬田米，每个月发的俸钱是当地织的黄绢。因为旱地荒园少菜蔬，所以拿来佐饭的是"腥咸白小鱼"。

尽管忠州偏僻落后，生活条件也异常艰苦，但白居易还是摩拳擦掌，想要有一番作为。他之前曾为了应对考试写过《策文》，每一篇都涉及国家、地方的治理。他担任左拾遗时，也献过很多谏言，如今当上了一州之地的主官，也算是有了实现自己政治理想的小小舞台。

他在《忠州刺史谢上表》中对朝廷表示："誓当负刺慎身，屡冰厉节。下安凋瘵，上副忧勤，未死之间，期展微效。"意思是他任忠州刺史如履薄冰，定会勤恳工作，解除民生痛苦，治理忠州，使其摆脱这种穷困衰败的惨境。

> 无论海角与天涯，大抵心安即是家。路远谁能念乡曲，年深兼欲忘京华。忠州且作三年计，种杏栽桃拟待花。
>
> ——《种桃杏》

白居易给自己三年时间。就现实而言，一般一个地方官治理一地三年，也该调任升迁了。他动手种杏树、栽桃树，等待它们开花结果，此举还有另一层含义。他希望桃杏开花结果之时，他在忠州的治理也有成效了；同时三年期满，他也就能回到长安了。此时，他在心里也初步盘算好了计划：首先要减轻赋税，鼓励生产，然后减少扰民的摇役，放宽刑罚的尺度。忠州是山城，水土流失严重，他就率先躬行，组织百姓造林。

> 东坡春向暮，树木今何如。漠漠花落尽，翳翳叶生初。每日领童仆，荷锄仍决渠。划土壅其本，引泉溉其枯。小树低数尺，大树长丈余。封植来几时，高下齐扶疏。养树既如此，养民亦何殊。将欲茂枝叶，必先救根株。云何救根株，劝农均赋租。云何茂枝叶，省事宽刑书。移此为郡政，庶几氓俗苏。
>
> ——《东坡种花二首》之一

养树和养民的道理是一样的，"云何救根株，劝农均赋租。云何茂枝叶，省事宽刑书"。白居易认为，只要循着这样的道理去做，忠州的百姓很快就能摆脱困苦的生活。

白居易自从开辟出东坡这一块地之后，经常在闲暇之余，闲步东坡，甚至整日待在东坡，沉醉于东坡的美景而不忍离去："花枝荫我头，花蕊落我怀。独酌复独咏，不觉月平西。巴俗不爱花，竟春无人来，唯此醉太守，尽日不能回。"有一种说法称，苏轼"东坡居士"的号就是由此而来。苏东坡被贬黄州时，境遇、心情和所耕之地同白居易在忠州时特别相似，洪迈《容斋三笔·东坡慕乐天》亦云："苏公谪居黄州，始自称东坡居士。详考其意，盖专慕白乐天而然。……苏公在黄，正与白公忠州相似。"

忠州虽僻远，但也不是一无是处，荔枝是这一带的特产。白居易《郡中》诗曾写道："乡路音信断，山城日月迟。欲知州近远，阶前摘荔枝。"他对这里的荔枝非常喜爱，甚至亲自种荔枝。

> 红颗真珠诚可爱，白须太守亦何痴。十年结子知谁在？自向庭中种荔枝。
>
> ——《种荔枝》

当时，他和万州（今属重庆）刺史杨归厚书信唱和频繁，曾寄给杨归厚荔枝，并在唱和诗中大赞荔枝乃"天上味"。

> 早岁曾闻说，今朝始摘尝。嚼疑天上味，嗅异世间香。润胜莲生水，鲜逾桔得霜。燕脂掌中颗，甘露舌头浆。物少尤珍重，天高苦渺茫。
>
> ——《题郡中荔枝诗十八韵兼寄万州杨八使君》（节选）

白居易和杨归厚关系匪浅，因为杨归厚出身弘农杨氏，和白居易算是有姻亲关系，除此之外，两人境遇相似，都曾在长安担任左拾遗，如今又都来到远离长安的荒凉之地，一个在忠州，一个在万州，离得也比较近，更有惺惺相惜之感。他还写过一首《寄胡麻饼与杨万州》："胡麻饼样学京都，面脆油香新出炉。寄与饥馋杨大使，尝看得似辅兴无。"这首小诗表面写的是胡麻饼，实际写的是对长安的思念。

杨归厚自然看得懂，他不仅与白居易过从甚密，也与刘禹锡、柳宗元交好，并且与这两人也都有姻亲关系，志趣相投，书信来往频繁。杨归厚将女儿许配给了刘禹锡的长子，柳宗元的岳父杨凭是杨归厚的族侄。

也就在这一年——元和十四年，柳宗元去世，年仅四十七岁。柳宗元从永贞革新时先被贬永州十年，后被贬柳州又四年，前后十四年，一腔的热血和理想全都付予了荒山僻水。刘禹锡因为丧母，回乡丁忧，听到柳宗元去世的消息，一时之间无法接受，"惊号大叫，如得狂病"。尽管白居易和柳宗元没有什么交往，但柳宗元的死讯还是让白居易感受到了个人命运的渺小。他不得不调适自己的内心，低调行事，以适应当时晦暗不明的政治环境。因为此时就连老友崔群也被罢了宰相之位，被贬到湖南，任湖南观察使。

> 我身何所似，似彼孤生蓬。秋霜剪根断，浩浩随长风。昔游秦雍间，今落巴蛮中。昔为意气郎，今作寂寥翁。外貌虽寂寞，中怀颇冲融。赋命有厚薄，委心任穷通。通当为大鹏，举翅摩苍穹。穷则为鹪鹩，一枝足自容。苟知此道者，身穷心不穷。
>
> ——《我身》

白居易对人生进行反思，用"孤蓬"随风飘荡比喻自己的人生际遇：昔日是意气风发的少年郎，今日是寂寞潦倒的老翁。其实不光是白居易，很多朝臣、很多老友的际遇也和他相像。外表虽然寂寞，内心却淡泊安定。人的命运有好有坏，是穷困是通达任其自然。通达得志当为大鹏，展翅搏击苍穹；穷困失意则为鹪鹩，一枝也能容身。只要懂得这个道理，则身穷心不穷。

他在《委顺》一诗中更明确表示，顺从命运，任宦海沉浮，不做挣扎，随遇而安：

> 山城虽荒芜，竹树有嘉色。郡俸诚不多，亦足充衣食。外累由心起，心宁累自息。尚欲忘家乡，谁能算官职。宜怀齐远近，委顺随南北。归去诚可怜，天涯住亦得。

诗中他表述在忠州时他怡然自得，俸禄不多，但够花。身外之物造成的烦扰皆由心而起，内心宁静自适就不会因为外物而患得患失。归去长安诚然可喜，远在天涯的忠州亦可住得。

除夕之夜，白居易作诗《除夜》，也是表达了同样的心境：

> 岁暮纷多思，天涯渺未归。老添新甲子，病减旧容辉。乡国仍留念，功名已息机。明朝四十九，应转悟前非。

这一年，从最初对外在环境的不习惯到后来"身适""心适"，白居易经历了不小的变化，而这种变化有时候是在酒桌上悄无声息地完成的。

> 樱桃昨夜开如雪，鬓发今年白似霜。渐觉花前成老丑，何曾酒后更颠狂。谁能闻此来相劝，共泥春风醉一场。
>
> ——《感樱桃花，因招饮客》

> 莫辞数数醉东楼，除醉无因破得愁。唯有绿樽红烛下，暂

时不似在忠州。

——《东楼招客夜饮》

水陆四千里，何时归到秦。舟辞三峡雨，马入九衢尘。有酒留行客，无书寄贵人。唯凭远传语，好在曲江春。

——《送客归京》

一场又一场的宴饮，有酒，可也都有愁，甚至还有哀。是借酒消愁也好，是及时行乐也好，是消磨意志也好，是聊解寂寞也好，醉酒的背后，都是对时局的妥协之举。

白居易在忠州有一个特别的收获，那就是竹枝词。竹枝词，是流行于三峡一带的民歌，以七言四句的形式，歌咏地方风俗人情。白居易来了忠州之后，时常听到忠州的男男女女歌唱竹枝词。听了这种民歌，他渐渐产生了浓厚的兴趣，"闲听竹枝曲，浅酌茱萸杯""巴童巫女竹枝歌，懊恼何人怨咽多"。随后，他也模仿民歌写起了竹枝词。

瞿塘峡口水烟低，白帝城头月向西。唱到竹枝声咽处，寒猿暗鸟一时啼。

竹枝苦怨怨何人？夜静山空歇又闻。蛮儿巴女齐声唱，愁杀江楼病使君。

巴东船舫上巴西，波面风生雨脚齐。水蓼冷花红簇簇，江蓠湿叶碧凄凄。

江畔谁人唱竹枝？前声断咽后声迟。怪来调苦缘词苦，多是通州司马诗。

——《竹枝词四首》

竹枝词多写男女爱情和三峡的风情，流传甚广，词曲充满了凄凉哀怨的意境。白居易写的竹枝词，读出来的时候声情摇曳，肖似民歌。他的诗中说的通州司马指的是元稹。元稹因作《莺莺传》和《离思》而得名，民间竹枝词有时候也采用诗人们的诗歌为歌词。

虽然白居易是唐代较早仿作竹枝词的诗人。不过提到竹枝词，人们大多想到的是刘禹锡，他作了多首竹枝词，其中最著名的是："杨柳青青江水平，闻郎江上唱歌声。东边日出西边雨，道是无晴却有晴。"其实，刘禹锡做竹枝词的时间比白居易要晚几年。

元和十五年（820年）二月，四十九岁的白居易在忠州任刺史已经一年，施政初见成效。他很高兴，就在州府的庭院里，开了一个"与民同乐"的春宴。

> 是时岁二月，玉历布春分。颁条示皇泽，命宴及良辰。冉冉趋府吏，蛮蛮聚州民。有如蛰虫鸟，亦应天地春。薰草席铺坐，藤枝酒注樽。中庭无平地，高下随所陈。蛮鼓声坎坎，巴女舞蹲蹲。使君居上头，掩口语众宾。勿笑风俗陋，勿欺官府贫。蜂巢与蚁穴，随分有君臣。
>
> ——《郡中春宴，因赠诸客》（节选）

这样官民同乐的迎春酒会，并不亚于几百年后欧阳修《醉翁亭记》中与民同乐的情景。白居易的政绩也的确得到了忠州百姓的认可，他自己也很满意。

> 龙昌寺底开山路，巴子台前种柳林。官职家乡都忘却，谁人会得使君心？
>
> ——《代州民问》

> 官情斗擞随尘去，乡思销磨逐日无。唯拟腾腾作闲事，遮

渠不道使君愚。

——《答州民》

这两首问答诗，是白居易记录下的他与州民的对话。州民问他："您在龙昌寺开辟山路，在巴子台前种植柳林，凡事都亲自躬行，把官职、家乡都抛在脑后，谁又懂您的心意？"他回答州民说："升官发财的心思如尘飞去，思乡之情也日渐消除，我一心只想尽力做好这些开路、造林的小事，只要你们不说我这个使君是个愚人就好。"这一席对话风趣幽默，也反映了白居易的亲民作风。

正在白居易思忖着如何带领忠州人民脱贫致富的时候，一件震动全国的大消息传来：正月，唐宪宗在毫无征兆的情况下暴毙身亡！朝廷公布的死因是服食丹药中毒，因此处死了配制丹药的道士。但坊间纷纷传言是太监王守澄、梁守谦、陈宏志等人谋杀皇帝。甚至有人猜测皇太子也参与其中，因为另一个大太监吐突承璀一直在密谋废太子，拥护沣王李恽，结果吐突承璀和沣王都在唐宪宗晏驾之夕被梁守谦率兵杀死，于是皇太子顺利即位，是为唐穆宗。

白居易对唐宪宗的感情是复杂的。唐宪宗将白居易从一介九品县尉瞬间拔擢至中央内廷的翰林院，参与大政，充分显示了这位英武睿智的君主识人用人的魄力，也曾听取了白居易不少的意见和建议。但他后来以极为牵强的理由贬斥白居易，这是白居易始终无法释怀的。

白居易在写给李绛的《奉酬李相公见示绝句》中谈他"初闻国哀"时的情景："涕泪满襟君莫怪，甘泉侍从最多时。"可见白居易对唐宪宗也有一定的感情。但除此一首，白居易也再没有写过有关唐宪宗的诗。

唐宪宗驾崩给白居易的仕途带来了转机。年轻的唐穆宗十分爱好诗文，极力推崇文采斐然的士人。他一即位，就着手将唐宪宗所贬逐的一批文士们召回朝廷，其中自然少不了诗名盖世的白居易。

元和十五年夏天，朝廷正式下诏调任白居易为尚书司门员外郎。白居易原本打算在忠州任职三年，不料还不满两年就接到召回朝廷的诏命，这让他喜出望外。

> 亲宾相贺问何如，服色恩光尽反初。头白喜抛黄草峡，眼明惊拆紫泥书。便留朱绂还铃阁，却着青袍侍玉除。无奈娇痴三岁女，绕腰啼哭觅银鱼。
>
> ——《初除尚书郎脱刺史绯》

唐人为官，不完全看品级，一般来说只要是做京官，即便是低品级，也比高品阶的外放地方官要强。所以这首诗里洋溢着喜气。"黄草峡"是忠州附近的地名，"抛"字将白居易急切的心情展露无遗。他此前明明万分小心地穿绯袍，然而此时却喜滋滋地"着青袍"。他的绯袍会配发银鱼袋，他的小女儿经常拿着他的银鱼袋玩耍，而此时脱下绯袍，银鱼袋没有了，小女儿还哭了起来。白居易是极为看重绯袍这样的外在形式的，之所以脱下绯袍还心生欢喜，原因是他要回长安了。

不管他平日里写多少诗表达自己放下功名利禄的决心，但还是时刻不忘长安，渴望高官厚禄。

有得有失长安城

元和十五年，白居易离开忠州在即，看着忠州的一草一木，反而有些依依不舍。眼看在自己施政之下已有进展的山林，仿佛一景一物都是可爱的；尤其是自己亲手栽种的、已经长成的花树更是令他不舍。

三年留滞在江城，草树禽鱼尽有情。何处殷勤重回首，东坡桃李种新成。

花林好住莫憔悴，春至但知依旧春。楼上明年新太守，不妨还是爱花人。

——《别种东坡花树两绝》

他走之前，还做了一件事，命画工画了一幅荔枝图，自己写了一篇《荔枝图序》："荔枝生巴峡间。树形团团如帷盖，叶如桂，冬青；华如橘，春荣；实如丹，夏熟。朵如葡萄，核如枇杷，壳如红缯，膜如紫绡，瓤肉莹白如冰雪，浆液甘酸如醴酪。大略如彼，其实过之。若离本枝，一日而色变，二日而香变，三日而味变，四五日外，色香味尽去矣。"如此详细的描述，可见他对荔枝是发自内心地喜爱。

很快白居易就带领家人登上官船，离开忠州。官船沿长江顺流东下，穿急流，过险滩，越过白沟峡、黄牛峡。行船途中，看见附近有一座佛教寺院，他便停船靠岸，到寺院暂歇。

> 白狗次黄牛，滩如竹节稠。路穿天地险，人续古今愁。忽见千花塔，因停一叶舟。畏途常迫促，静境暂淹留。巴曲春全尽，巫阳雨半收。北归虽引领，南望亦回头。昔去悲殊俗，今来念旧游。别僧山北寺，抛竹水西楼。郡树花如雪，军厨酒似油。时时大开口，自笑忆忠州。
>
> ——《发白狗峡，次黄牛峡，登高寺却望忠州》

一路天险，好不容易到了"静境"，他决定暂停行程。虽然他一心"北归"，然而登高南望时，对忠州的不舍之情却在心中升腾。"昔去悲殊俗，今来念旧游"，来时衣食住行都不习惯，现在回头一想脑海中都是美好的回忆。他曾在开元寺、龙昌寺植柳题诗，与僧侣对谈，也曾在西楼旁种竹栽花，他曾嫌弃的简陋的州府官舍有如雪的花树，还可大口畅饮官厨酿的美酒。

白居易的官船自洞庭湖口折转向北，顺流到鄂州，而后进入汉水，逆流上行。一行人到襄阳舍舟登岸，转乘陆路驿站的车马，走上商山路。

> 万里路长在，六年身始归。所经多旧馆，大半主人非。
>
> ——《商山路有感》

商山路是江汉至长安的必经之道。白居易六年前被贬江州时道出商山，此次归来又走此路，道路依旧，而驿馆主人多半已换，物是人非，他不胜感慨万千。想到老朋友元稹，两人都遭贬谪，五次经过商山，真希望这是最后一次了。

> 与君前后多迁谪，五度经过此路隅。笑问中庭老桐树，这回归去免来无。
>
> ——《商山路驿桐树，昔与微之前后题名处》

同年六月，白居易回到长安。这六年里，他精神上所负荷的苦痛，让他的外貌发生了很大的变化，苍老得骇人。

> 恻恻复恻恻，逐臣返乡国。前事难重论，少年不再得。泥涂绛老头斑白，炎瘴灵均面黎黑。六年不死却归来，道著姓名人不识。
>
> ——《恻恻吟》

白居易未满三十时就注意到自己头上的白发，此后他每年作的诗中都会数次提到白发，提到自己的衰老。他是一个很在意形象的人，可偏偏他早衰，这让他的心更加脆弱。

年初，他刚刚得知老友王质夫去世。王质大是他担任盩厔县尉时结交的最好的朋友，是他建议白居易以诗歌讲述唐明皇和杨贵妃的故事，这才有了《长恨歌》。当初白居易羡慕他隐居不出，悠游自在，敬重他如陶渊明、嵇康一般不为世俗名利所动。此后，白居易回到长安，两人就此分别。白居易经历了一系列的变故，两人联系渐少。后来王质夫也出仕了,去征西的军队中辅佐军务,但具体情况白居易并不知道。等他再次听说王质夫的消息,却是他去世的消息。

仙游寺前别,别来十年馀。生别犹怏怏,死别复何如。客从梓潼来,道君死不虚。惊疑心未信,欲哭复踟蹰。踟蹰寝门侧,声发涕亦俱。衣上今日泪,箧中前月书。怜君古人风,重有君子儒。篇咏陶谢辈,风衿嵇阮徒。出身既塞迍,生世仍须臾。诚知天至高,安得不一呼。江南有毒蟒,江北有妖狐。皆享千年寿,多于王质夫。不知彼何德,不识此何辜。

——《哭王质夫》

王质夫因何而死,死时有无亲人在侧,都不知道。若干年过去,当一切成为历史,他只在白居易的诗里活过。

唐穆宗即位后,白居易虽为朝官,但和周围友人相比,他的官职略低。他的职位是司门员外郎,为从六品上,按规定着绿袍。而元稹从膳部员外郎迁为祠部郎中,吴丹为贺部郎中,元宗简为仓部郎中。吴丹和白居易同一年中进士,相识已经二十余年。白居易和元宗简也相交多年。至于元稹,与白居易更是莫逆之交。郎中都是从五品上,按规定着绯袍,相比之下,白居易又自卑了,"尘路行多绿袍故,风亭立久白须寒"。

当初接到回长安的诏令时,他高高兴兴地脱下绯袍穿上绿袍,如今回京,看到朋友们都穿着绯袍自己只能着绿袍,他心里又开始不是滋味,就连对上朝也丧失了热情。

霜严月苦欲明天,忽忆闲居思浩然。自问寒灯夜半起,何如暖被日高眠？唯惭老病披朝服，莫虑饥寒计俸钱。随有随无且归去，拟求丰足是何年？

——《早朝思退居》

不管白居易在江州怎么求佛悟道，真正回到朝廷，他哪有一点超脱的味道？他的得失心极重，依然为失去而沮丧，为得到而欢喜，因不公而灰心，又因升迁而满足。

同年十二月底，朝廷诏授他为主客郎中、知制诰。知制诰，负责起草诏旨敕制及玺书册命。这相当于中书舍人的见习职位，很是显耀。翌年，也就是长庆元年（821 年），白居易正式上任。当时知制诰有四人，除了白居易，还有王起、李宗闵和元稹，都是他的老朋友。

闲宵静话喜还悲，聚散穷通不自知。已分云泥行异路，忽惊鸡鹤宿同枝。紫垣曹署荣华地，白发郎官老丑时。莫怪不如君气味，此中来校十年迟。

——《初除主客郎中知制诰，与王十一、李七、元九三舍人中书同宿，话旧感怀》

白居易与三位老友同宿话旧，感慨万千，高兴的是大家都能在中书省供职了，心酸的是自己老丑时方得郎官，在仕途升迁上远远落后与其他人，希望老友们不要笑话自己。

当然情景远不像白居易诗中所写的这么和谐，元稹与李宗闵政见不和，利益上也有冲突，白居易也谨慎地和李宗闵保持距离。元稹和宦官交往过密，白居易痛恨宦官，对元稹也略有不满。这时两人都在长安，本该是好好相聚的日子，但因为政见不同，反倒疏远了。

长庆元年二月，白居易在长安新昌里买了一所住宅。在京城有自己的房子，这是白居易的夙愿。在他五十岁的时候，这个愿望终于实现了。

> 游宦京都二十春，贫中无处可安贫。长羡蜗牛犹有舍，不如硕鼠解藏身。且求容立锥头地，免似漂流木偶人。但道吾庐心便足，敢辞湫隘与嚣尘。
>
> ——《卜居》

诗中还有一个典故，所谓"漂流木偶人"出自《说苑》一书。说是一个木偶人和一个泥人对话，木偶人见天要下雨了，就笑着说："下雨后，你是泥做的，就成了一摊烂泥了，我却没有事。"泥人却说："我淋成泥，无非返本归真而已，你被水冲走，离开家乡，四处漂流，那才惨呢！"白居易用此典故，形容自己不再像木偶人一样漂泊不定。

乔迁新居，白居易没有邀请元稹，反倒是给元宗简写了一封信，邀请他来看自己的新居。

> 青龙冈北近西边，移入新居便泰然。冷巷闭门无客到，暖檐移榻向阳眠。阶庭宽窄才容足，墙壁高低粗及肩。莫羡升平元八宅，自思买用几多钱。
>
> ——《题新居寄元八》

元八即元宗简。白居易说自己的宅子地处偏远、阶庭狭小、墙壁低矮，但自己安居其中，感到泰然自足。当然诗中也不无遗憾地提出自己的新居实在不及元宗简在升平里的宅子。元宗简早在白居易任太子左赞善大夫的时候就在升平里买了一所大宅子，杨巨源形容他的新宅"自知休沐诸幽胜，遂肯高斋枕广衢；旧地已开新玉圃，春山仍展绿云图"，可见他的宅院之大。不过，元宗简性格恬淡，日常生活以植树栽药、整饬书籍为主。而白居易与他相识较早，一有烦心事，便去找他开解，有诗文也找他鉴赏。之前，元稹从四川通州来了信，白居易也要到元宅来展示给元宗简看。白居易曾说过"城中展眉处，只是有元家"。张籍也常常到元宅做客。白居易和张籍二人也常常在元家探讨诗词乐府。

白居易买下宅子后，又修葺了一番，拓宽了大门前的巷道，还购买了园外的一块闲地，种上竹子和松树，栽培了花草，从而周围有了松声竹韵，草色花香。白居易的宅子，门前可停马车，堂室可铺宴席。他赶紧向朋友发出邀请，可偏偏他的老友李建去世了。

长庆元年二月二十三日，已转任刑部侍郎的李建在任上病逝。作为好友的白居易悲痛不已，他与元稹"哭泣不自胜"，并共同为李建送葬。随后，白居易撰写了《祭李侍郎文》追忆李建。

> 况稹也不才，居易无似，辱与公游，十九年矣。昔贞元岁，俱初筮仕，并命同官，兰台令史。以公明达，以我顽鄙，度长絜能，信非伦拟，一言吻合，不知所以，莫逆之交，实从兹始。

白居易对李建极尽溢美之词。他和元稹与李建相交十九年，任校书郎的时候就认识了。他任盩厔县尉期间，每逢工作压力大时，就会来李建家。"忆昨访君时，立马扣柴荆。有时君未起，稚子喜先迎。连步笑出门，衣翻冠或倾。扫阶苔纹绿，拂榻藤阴清。家酝及春熟，园葵乘露烹。"李建家的天伦之乐和浓浓的田园气息曾让白居易特别放松。

白居易任太子左赞善大夫时，常去李建家畅饮。白居易被贬江州时，朝中很多官员对他避之不及，唯有好友李建不畏人言，赶到长安昭国坊里为其送行。去江州路上当行船因风受阻时，白居易眼前浮现出与李建退朝后在家小酌的温馨画面，于是提笔作诗。

　　扁舟厌泊烟波上，轻策闲寻浦屿间。虎踏青泥稠似印，风吹白浪大于山。且愁江郡何时到，敢望京都几岁还。今日料君朝退后，迎寒新酎暖开颜。

　　　　　　　　　　　　　　——《舟行阻风寄李十一舍人》

他在江州、忠州时都给李建写了很多首诗表达思念之情，好不容易他与元稹回到长安，李建却去世了。

李建一生为官清廉，恪尽职守，从不趋炎附势。在官场，每个人都或多或少懂得明哲保身，唯有李建为人正直、无私，能在朋友落难之时给予对方帮助和安慰。他不仅给遭贬谪的白居易送行，在朋友柳宗元被贬永州之后，李建曾两次写信问候柳宗元，并寄给他治病的药饵，还写信嘱托任常州刺史的哥哥李逊多多关照柳宗元。这让柳宗元"闻人足音，则跫然喜"。柳宗元这样评价李建："杓直（李建字）敦柔深明，冲旷坦夷。"白居易和元稹能有这样的朋友，实在是幸甚之至，而失去这样的朋友，也实在是一大损失。

在与元稹共事的期间，白居易和他的来往反而格外少。这让他感觉有些寂寞，他居然怀念起在忠州的日子来。

　　每看阙下丹青树，不忘天边锦绣林。西掖垣中今日眼，南宾楼上去年心。花含春意无分别，物感人情有浅深。最忆东坡红烂熳，野桃山杏水林檎。

——《西省对花忆忠州东坡新花树，因寄题东楼》

阁下灯前梦，巴南城里游。觅花来渡口，寻寺到山头。江色分明绿，猿声依旧愁。禁钟惊睡觉，唯不上东楼。

——《中书夜直梦忠州》

白天在中书省值班，看见阙下丹青树，他就想念自己在忠州东坡种下的桃杏树。花是同样的花，但人面对同样的花，感情却有浅有深。在中书省值夜，他竟然在梦中游忠州，到处寻寺觅花，直到宫禁中的钟声把他惊醒，他还遗憾在梦中没有到忠州的东楼看看。

白居易如此思念忠州，与他回到长安后仕途不顺分不开。他对自己没有穿上绯袍而始终耿耿于怀。

元宗简改任京兆尹，而白居易在庆贺他当上京兆尹的同时，还对两人没有穿上绯袍而喋喋不休。

朝客朝回回望好，尽纡朱紫佩金银。此时独与君为伴，马上青袍唯两人。

——《朝回和元少尹绝句》

凤阁舍人京亚尹，白头俱未著绯衫。南宫起请无消息，朝散何时得入衔。

——《重和元少尹》

两首诗其实在说同一件事，那就是两人虽然已为五品职事官，但官服颜色尚没有变化。在唐朝，分职事官和散官两套系统。在唐朝前期，官员俸禄是按照散官的品级来发放的，但后来散官逐渐失去实质作用，特别是官员俸禄改成按职事官品级来发后，散官就变成了仅具有礼仪上的象征意义。比如，官员衣服的颜色即三品以上服紫、四五品服绯、六品及以下服绿（青）。白居易此前虽然职事官已当到主客郎中（从五品上），但其散官仅为朝议郎（正六品上），所以只能穿绿色的朝服。

于白居易而言，这不仅是待遇问题，更是面子问题。

风起于青萍之末

长庆元年三月，朝廷举行进士考试，主考官是礼部侍郎钱徽、右补阙杨汝士。考试之前，四川节度使段文昌向钱徽保荐了杨浑之，白居易和元稹的老友翰林学士李绅向钱徽举荐了周汉宾。考试结果发榜，杨浑之、周汉宾皆落榜，中榜的十四人中有裴度的儿子裴撰，杨汝士的兄弟杨殷士，李宗闵的门婿苏巢等，都是公卿子弟。段文昌大为不满，向唐穆宗反映此次考试不公，有人情关系。唐穆宗又问翰林学士元稹、李绅、李德裕等人，元稹、李德裕因为与李宗闵有嫌隙，李绅也因为保举的周汉宾落榜有情绪，都异口同声说这次考试不公，主张重考。于是，唐穆宗命令白居易和王起主持复试。白居易等人秉公主持复试，出题目《孤竹管赋》《鸟散余花落诗》，结果原录取的十四人只有四人及第。白居易和王起皆知兹事体大，联名上书，建议妥善处理此事。

> 然臣等别有愚见，上神圣聪，反覆思量，辄致密奏。伏惟

礼部试进士，例许用书策，兼得通宵。得通宵则思虑必周，用书策则文字不错。昨重试之日，书策不容一字，给烛只许两条，迫促惊忙，幸皆成就。若比礼部所试，事校不同。虽诗赋之间，皆有瑕病，在与夺之际，或可斟量。倘陛下垂仁察之心，降特达之命，明示瑕病，以表无私，特全身名，以存大体，如此则进士等知非而愧耻，其父兄等感激而戴恩，至于有司，敢不惩革？臣等皆蒙宠擢，又忝职司，实愿裨补圣明，敢不罄竭肝胆？谨具奏闻，伏待圣裁，谨奏。

——《论重考试进士事宜状》（节选）

　　白居易写这份奏状，一开始称赞皇帝主张重考是公平的，但又强调上次和这次考的内容侧重点不同，上次考书策，这次侧重诗赋，另外考试时间也不同，上一次考试时间长，这次考试时间短，所以考试结果也不同。他希望皇帝能够从宽处理此事，不要将此事扩大。

　　然而，唐穆宗没有听从白居易的建议，决定严厉处置此事，把原来的主考官钱徽贬为江州刺史，贬杨汝士为开江令，贬涉嫌贿赂考官的中书舍人李宗闵为剑州刺史。这件事之后，李德裕、元稹与李宗闵的仇隙越来越深了，于是各自结成朋党，相互倾轧，争斗延续四十年之久。而白居易作为复试的主考官，虽然努力保持中立，不想卷入党争，但因此事牵连到他的岳家，也感觉颇为沮丧。

　　六月，白居易和元宗简同时加官朝散大夫。朝散大夫是五品散官，白居易终于可以穿上他念念不忘的"绯袍"了。他还同时被授上柱国，上柱国是最高级别的勋官。虽然当时有授勋过滥的嫌疑，但总算是一份荣耀。他的妻子杨氏也得以夫荣妻贵，被授予弘农郡君的封号。

紫微今日烟霄地，赤岭前年泥土身。得水鱼还动鳞鬐，乘
轩鹤亦长精神。且惭身忝官阶贵，未敢家嫌活计贫。柱国勋成
私自问，有何功德及生人。

——《初加朝散大夫又转上柱国》

　　加官晋爵，自然欢欣鼓舞，可白居易又惭愧，自问有何功德惠
及生民。然而这种惭愧转念即逝，他回头又给元稹写信，在信中老
调重弹，说感觉与元稹相比，自己还差一截。

　　晚遇缘才拙，先衰被病牵。那知垂白日，始是著绯年。身
外名徒尔，人间事偶然。我朱君紫绶，犹未得差肩。

——《初着绯戏赠元九》

　　当时元稹已经是中书舍人，正五品，因受皇帝荣宠，特赐紫金
鱼袋。按唐朝的三省体制，中书省的长官是中书令、副长官是中书
侍郎、中层是中书舍人，三个层级构成中书省运作的基本框架。但
到中唐以后，中书令一般空缺不置，中书侍郎则兼任同平章事（即
宰相），不在中书省办公，因此中书舍人就成了中书省的实际负责
人，其职能是接收尚书六部的奏议，并提出初步的处理意见上报宰
相。据《唐会要》等书记载，在中书省的办公地点，单独设有“舍
人院”作为中书舍人的办公室，可见其地位之与众不同。中书舍人
除了决策政务外，往往还充任皇帝的使者，出外宣布敕旨、审理刑
狱，因此《通典》称中书舍人：“文士之极任、朝廷之盛选，诸官莫
比焉。”
　　“我朱君紫绶，犹未得差肩。”白居易对于元稹的官运亨通有着
羡慕加嫉妒的微妙心理，他原来因穿不上绯袍而耿耿于怀，待他好

不容易穿上绯袍，元稹又穿上了紫服。

元稹这个中书舍人当得并不长久，因为他的快速晋升让曾经立下平定淮西大功的老宰相裴度很不满，再加上这次的进士考试，元稹和他作对，裴度上书直斥元稹结交宦官，祸乱朝纲。当时裴度在朝中的势力很大，应和的人很多，结果唐穆宗为了平息众议，改元稹为工部侍郎。工部侍郎是正四品，中书舍人才正五品，表面看是升迁，但中书舍人是皇上的贴身秘书，直接能左右皇帝的决策，而工部侍郎就显得不是那么重要了。

其实若没有这些政治纷扰，白居易这段时间是过得比较自在的。弟弟白行简当上了左拾遗；从弟白敏中自幼在他的教导下学习，聪敏智慧，如今也学有所成，正准备进士考试。他闲暇之余，就和张籍、王建四处游览名胜，以诗唱和。

然而好日子没过多久，七月，镇州军乱。事情原委要从王承宗的死说起。裴度平定淮西之乱后，成德镇王承宗主动献地谢罪，后来因病去世。唐穆宗任命原魏博节度使田弘正为镇州大都督府长史，去接手王承宗的地盘。田弘正因为平叛时曾与镇州兵交战，和他们有杀父杀兄之仇，于是就带着两千名魏博军士作为随从卫兵前去上任。十一月二十六日，田弘正到达镇州，当时朝廷赏赐镇州三军一百万贯赏钱，没有按时送到，士兵以此为借口喧哗闹事。田弘正亲自抚慰解释，人心才稍微安定。田弘正向皇帝奏请留下魏博军士作为维护军纪的人，以便稳定众心，请求供给其随从卫兵粮饷。当时度支使崔倰不识大体，坚决反对他的请求。田弘正先后四次上奏都没有得到答复。

到了长庆元年七月，田弘正不得不将随行的两千兵士遣回魏博。而镇州的牙将王廷凑早就等着这个机会，待两千魏博兵士一离开，他便集结衙兵在府署外呐喊鼓噪，天快亮时，将田弘正和他的将吏、家属三百余人全都杀死。可以说镇州军乱的发生和朝廷用人用事失误是分不开的。

王廷凑自称节度使留后、知兵马使，逼迫监军宋惟澄上表奏请授节钺。唐穆宗大怒，起用田弘正之子田布为魏博节度使，命他率领魏博兵士进讨王廷凑。

八月，白居易作为主客郎中，奉命去田布家，宣谕田布为魏博节度使。田布酬谢白居易绢五百匹，白居易谢绝不受。如实上报之后，唐穆宗又派官员到宅奉旨相劝，白居易坚持不肯接受，写了《让绢状》。

他在奏状中说，自己家素来贫穷，并非不要物，而是不能要这笔财物。原因有四：其一，此事不同常例。镇州发生叛乱，田布的父亲田弘正遇害，田布奉命为父报仇，为国雪耻，凡人有物，都应该帮助他，怎能忍心取其财物。其二，皇上《除田布魏博节度》中告诫说："一饭之饱，必同于士卒；一毫之费，必用于其干矛。"所有财力都应用于平定叛乱的战事，这五百匹绢，他自然不该接受，否则，有违皇命。其三，奉旨宣谕慰问，本是分内之事，这种酬赏财物的风气应当遏止，否则不利于全力杀贼报国。其四，他每月领取的俸禄，都受之有愧，没有名目的财物，就更不应该收。

这篇奏状，绝不是客套求虚名之辞，白居易当真做如此想。他虽然计较绯袍，计较官职，可他一直清廉正直，这是他为官的原则，也是他为人的淳朴之处。他在官场多年，却从不干阴暗之事。他还为自己写了一篇座右铭：

　　勿慕贵与富，勿忧贱与贫。自问道何如，贵贱安足云。闻毁勿戚戚，闻誉勿欣欣。自顾行何如，毁誉安足论。无以意傲物，以远辱于人。无以色求事，以自重其身。游与邪分歧，居与正为邻。于中有取舍，此外无疏亲。修外以及内，静养和与真。养内不遗外，动率义与仁。千里始足下，高山起微尘。吾道亦如此，行之贵日新。不敢规他人，聊自书诸绅。终身且自勖，身殁贻后昆。后昆苟反是，非我之子孙。

——《续座右铭》

白居易的这篇座右铭，表明他为人处世的基本准则，他主张不计较富贵贫贱、他人毁誉，以和与真为修身诉求，以仁与义为行动准绳。

同年十月，白居易被诏授为中书舍人，这是他向往已久的职位，他当然感觉很满足，只不过少了预想当中那份得意和荣耀。

凉风起禁掖，新月生宫沼。夜半秋暗来，万年枝袅袅。炎凉递时节，钟鼓交昏晓。遇圣惜年衰，报恩愁力小。素餐无补益，朱绶虚缠绕。冠盖栖野云，稻粱养山鸟。量能私自省，所得已非少。五品不为贱，五十不为夭。若无知足心，贪求何日了。

——《西掖早秋直夜书意》

表面上看，白居易这是在自我反省，自己已经成为五品高官，所得已经不少，要有知足之心，不可贪得无厌。可实际上，他很失落。在他当上中书舍人的同时，元稹失去了这个职位。元稹最初担任这个职位时，他羡慕，甚至有些嫉妒。可短短几个月后，元稹便失去了这个职位，他便有了兔死狐悲的感触。

朝廷内部，权力斗争愈加激烈，军事上却接连惨败。七月爆发的镇州军乱迟迟无法平定，他自觉胸有破敌之策，却使不上半分力气。他身为中书舍人，曾经以为可以影响皇帝，做指点乾坤、挥斥方遒之人，但实际情况并不是如此。

> 丝纶阁下文书静，钟鼓楼中刻漏长。独坐黄昏谁是伴，紫薇花对紫微郎。
>
> ——《紫薇花》

丝纶阁指替皇帝撰拟诏书的阁楼。中书省所在的地方，多植紫薇，曾改名为紫薇省，而中书舍人也被戏称紫微郎。黄昏的皇宫是一个寂静的世界，仿佛时间的流逝也变得缓慢。但是按照规矩，值班的官员不能四下走动，白居易便被困在了一个相对局促的环境里。他这个中书舍人，并不像他想象的那样，不停地处理着关系国计民生的国家大事，更多的时候，只是看看鲜花，听听刻漏声，打发空虚无聊的时光。

长庆二年（822年）正月，朝廷兵败的消息再次传来。白居易曾进呈《论行营状》，为镇州平叛出谋划策。他分析朝廷军队之所以无法战胜叛军，皆因有几大缺陷：一、朝廷派遣的几路人马各行其是，号令不齐，没有一个统一指挥的首领；二、各路人马仰赖朝廷开支军饷，粮草布帛供应出现困难，要么粮草在运输途中被敌军抢去，要么各路人马抢夺粮草，而那些深入敌境作战的部队反而得不到粮草。三、每支军队中都派有一名宦官做监军，他们尽挑选骁勇健壮的士兵保卫自己，让瘦弱怯懦的上阵作战。王廷凑的叛军不过一万余人，打得十几万唐军土崩瓦解。

白居易根据这些缺陷，拟定了一个完整的作战方案，主张把指挥权交给最懂军事的李光彦，让各路人马退守奔界，省下粮草，从而保障主要战力的粮草供应，让裴度负责宣传朝廷政策，诏谕王廷凑的副手朱克融，分化敌军，动摇其军心。

遗憾的是，唐穆宗没有听从白居易的建议。没过多少天，魏博军溃败，田布抽刀自杀，整个战争局势，急转直下。白居易执笔写《田布赠右仆射制》，为之深表痛惜。更让白居易悲愤叹息的是，唐穆宗最终赦免了王廷凑，并授以检校右散骑常侍、镇州大都督府长史、成德军节度使、镇冀深赵等州观察使等职。这个挑起叛乱、对抗朝廷、害无数大唐将士成为刀下亡魂的叛军首领摇身一变，成了朝廷大员。

这样的事情已经不是发生一次两次了。更让白居易失望的是，元稹作为唐穆宗的宠臣并没有在这次兵乱中起积极作用。国家危难之际他居然忙于与裴度争权夺利。

同年二月，元稹任工部侍郎同中书门下平章事，裴度为司空中书门下平章事。两人暗中算计，互相倾轧。裴度甚至还指责元稹派刺客暗杀自己，一时间闹得沸沸扬扬。

就在两人为权力斗得厉害的时候，元宗简去世了。这让白居易异常伤心，也对官场异常失望。

而元稹仅仅当了三个多月的宰相就被罢免，裴度也被同时罢免。唐穆宗如此频繁地更换朝臣，视朝政如儿戏，只会让大唐越来越衰弱。

白居易意识到，大唐中兴已经几无可能。

第六章

江山与风月，悲乐几般情

　　唐穆宗频繁更换朝臣，视朝政如儿戏，令白居易深感大唐中兴无望。唐穆宗重用李逢吉，排挤能臣干吏，白居易因此夙夜忧叹，想远离是非之地。因白居易秉性疏直，未能得到唐穆宗的重用，不久他就被贬为杭州刺史。

一路唏嘘赴杭州

　　长庆二年春，白敏中进士及第。这是白居易近期收到的唯一的好消息。白居易少年时曾得白敏中的父亲白季康多番照拂。白季康去世后，白居易便时常把白敏中带在身边，督导他的学业。在他看来，他和弟弟白行简仕途都多坎坷，此生再难有大的作为，而白敏中少年有为，天赋异禀，将来还有无限可能。他对白敏中寄予厚望，视白敏中为日后白氏家族的掌舵人。

　　　　自知群从为儒少，岂料词场中第频。桂折一枝先许我，杨
　　穿三叶尽惊人。转于文墨须留意，贵向烟霄早致身。莫学尔兄
　　年五十，蹉跎始得掌丝纶。

　　　　　　　　　　　　　　　　　——《喜敏中及第，偶示所怀》

　　白氏家族中三人先后进士及第，也算是一种荣耀了。更何况唐朝有"三十老明经，五十少进士"之说，而白家兄弟都在三十岁左

152

右进士及第，确实难能可贵。而更可喜的是，白敏中很快在河东节度使李听的幕府任职掌书记，前途可期。

白家有这一喜事，又正值春天，乐游原上碧草青青，原本正是和好友游玩、唱和之时，但因为元稹和裴度的明争暗斗，白居易又因为与两边都交好，此时处于尴尬的境地。两方的势力都与自己疏远，尤其是韩愈，刚升兵部侍郎不久。两人本是多年好友，但韩愈因站在裴度一方，与他疏远了不少。

> 近来韩阁老，疏我我心知。户大嫌甜酒，才高笑小诗。静吟乖月夜，闲醉旷花时。还有愁同处，春风满鬓丝。
>
> ——《久不见韩侍郎，戏题四韵以寄之》

白居易的语气充满了无奈，"疏我我心知"，然而他所能做的又极少。而唐穆宗又任李逢吉为宰相，处处排挤能臣干吏，朝廷已成为是非之地，他因此夙夜忧叹。

长庆二年七月十日，朝廷下诏罢去白居易中书舍人之职。

> 自惭拙宦叨清贯，还有痴心怕素餐。或望君臣相献替，可图妻子免饥寒。性疏岂合承恩久，命薄元知济事难。分寸宠光酬未得，不休更拟觅何官。
>
> ——《初罢中书舍人》

他在此诗中叹道：自己不善逢迎却做了近侍之臣，还成天担心无功受禄而兢兢业业。他一心尽人臣之责，哪会只图妻儿免于饥寒。然而禀性疏直的他岂能得到皇帝的长久倚重？他辅君济世的理想终难实现。

四天后，朝廷诏授白居易为杭州刺史。这样也好，可以远离政治倾轧，避祸他乡。白居易立刻收拾行李，前往杭州。

> 朝从紫禁归，暮出青门去。勿言城东陌，便是江南路。扬
> 鞭簇车马，挥手辞亲故。我生本无乡，心安是归处。
>
> ——《初出城留别》

"我生本无乡，心安是归处。"这两句诗颇有几分佛家的气韵。白居易离开京城，是松了一口气的，朝廷紧绷沉闷的政治气氛已经严重影响了他的生活、交友，然而又于百姓与民生没什么益处。他回想这段日子，本来是他累次升迁、光耀门楣的时期，可如今竟有些不堪回首。

> 太原一男子，自顾庸且鄙。老逢不次恩，洗拔出泥滓。既
> 居可言地，愿助朝廷理。伏阁三上章，戆愚不称旨。圣人存大
> 体，优贷容不死。凤诏停舍人，鱼书除刺史。置怀齐宠辱，委
> 顺随行止。我自得此心，于兹十年矣。
>
> ——《长庆二年七月自中书舍人出守杭州路次蓝溪作》（节选）

白居易直言谏事冒犯皇上，但皇上从宽处理，免去其中书舍人的职位，又授以刺史之职。他称自己此时已是宠辱不惊，委时顺命，"我自得此心，于兹十年矣"。从丁忧下邽到现在，十余年中，白居易自认为一直是超然物外的，但实际上并不是，只不过当他经历了贬谪又经历了荣宠，如今再度离开朝廷中枢，才真的是彻底地超脱了，或者说彻底地灰心了。

白居易少年时，游苏杭，"韦应物为苏州牧，房孺复为杭州牧，皆豪人。……以当时心，言异日苏、杭苟获一郡足矣"。少年时的梦

想，如今实现了。这对白居易也算是一种宽慰。只是他现在装着满腹心事，已没有少年那份单纯的向往。

赴任路上，汴军叛乱，东道不通，白居易只好南行取道襄阳，又走那条贬谪江州时走的老路。此次去杭州与上次遭贬不同，且又正值秋季，沿途景色优美绚丽，也算是一次惬意的旅行。

> 萧萧谁家林，秋梨叶半坼。漠漠谁家园，秋韭花初白。路逢故里物，使我嗟行役。不归渭北村，又作江南客。去乡徒自苦，济世终无益。自问波上萍，何如涧中石。
>
> ——《邓州路中作》

他路过河南邓州时，看到秋梨、秋韭这些家乡常见的东西，不禁思念故里，感叹行役之苦。叹息此行不能回到老家渭河边的紫兰村，却要做"江南客"。他离乡背井辛苦奔波，却始终无法达成济世救民的理想。

他路过商山，心中更是感慨万千。上次他从这里回京城，一路加官晋爵，看似得到了很多，然而细细算来，他却一直在失去。老友李建、元宗简、崔韶接连去世，他与元稹好不容易在京城团聚，因为党争、因为偏见、因为各方势力的牵扯，竟没有坐下来好好地畅谈一番；一场藩镇叛乱，让他兼济天下的理想化为泡影。他的友情、他的理想，都在这次顺利的仕途升迁中遭到了不可逆转的损坏。他不禁感叹"此生都是梦，前事旋成空"。

他心中苦涩，沉郁之情无法排解，索性去登山。

> 高高此山顶，四望唯烟云。下有一条路，通达楚与秦。或名诱其心，或利牵其身。乘者及负者，来去何云云。我亦斯人

徒，未能出嚣尘。七年三往复，何得笑他人。

——《登商山最高顶》

白居易站在商山最高处望向四方，大道上人来人往，都为了名利。他反思自己，纵然有济世救民的理想，可终究也没有比这些追名逐利之人强到哪里去。他本就不是只为了理想而活的孤臣浪子，追求富贵功名，追求身心愉悦，说白了是俗人一个，做不了躬耕田园的陶渊明，更做不了为国投江的屈灵均。

杭州是一个有酒有诗、有山有水的地方，对于此时以俗人自比的白居易而言，是一个安置身心的好地方。

处世非不遇，荣身颇有馀。勋为上柱国，爵乃朝大夫。自问有何才，两入承明庐。又问有何政，再驾朱轮车。矧予东山人，自惟朴且疏。弹琴复有酒，且慕嵇阮徒。……杭州五千里，往若投渊鱼。虽未脱簪组，且来泛江湖。吴中多诗人，亦不少酒酤。高声咏篇什，大笑飞杯盂。五十未全老，尚可且欢娱。用兹送日月，君以为何如。秋风起江上，白日落路隅。回首语五马，去矣勿踟蹰。

——《马上作》

八月初，白居易到襄阳，开始登舟沿着汉江继续前进。他按照制度，给中书、门下两省报告自己的行程以及今后的打算。

秋水浙红粒，朝烟烹白鳞。一食饱至夜，一卧安达晨。晨无朝谒劳，夜无直宿勤。不知两披客，何似扁舟人。尚想到郡日，且称守土臣。犹须副忧寄，恤隐安疲民。期年庶报政，三年当退身。终使沧浪水，濯吾缨上尘。

——《初下汉江舟中作，寄两省给舍》

白居易称到杭州任上，要安抚好贫困的百姓，希望一年出政绩，三年任职期满后退隐山林。这并不是虚言，白居易对朝廷党争洞若观火，过去在江州时有隐退之心，是因为遭贬，而现在生隐退之心，是为了避祸。

船过郢州，他受到刺史王镒的热情接待。白居易同王镒僚友情深，相见后觉得分外亲切。王镒是被贬到郢州的，白居易与他相会之际，还不忘写诗劝勉。

昔是诗狂客，今为酒病夫。强吟翻怅望，纵醉不欢娱。鬓发三分白，交亲一半无。郢城君莫厌，犹校近京都。

——《郢州赠别王八使君》

随后，白居易又到了江州，许多知交排队出郭欢迎，包括此时的江州刺史李渤。李渤是白居易声气相投的好友，元和十年，二人同时被贬，白居易作江州司马，李渤在丹王府咨议参军、分司东都。二人的厚谊，源于共同偏爱庐山山水。

白居易在香炉峰与遗爱寺之间的山水形胜处建造草堂居住，而李渤早年曾与其兄李涉隐居庐山东南的白鹿洞，营白鹿洞书院。

曾住炉峰下，书堂对药台。斩新萝径合，依旧竹窗开。砌水亲开决，池荷手自栽。五年方暂至，一宿又须回。纵未长归得，犹胜不到来。君家白鹿洞，闻道亦生苔。

——《题别遗爱草堂兼呈李十使君》

泉石尚依依，林疏僧亦稀。何年辞水阁，今夜宿云扉。谩献长杨赋，虚抛薜荔衣。不能成一事，赢得白头归。

——《重题》

白居易在草堂留宿一夜，回忆当年，亲手整饬草堂，挖池、栽荷、养鱼。一别五年，住一宿又要离开，但总算来此一趟，经宿之访，了了一桩心愿。

白居易反复强调自己一事无成，在给李渤的赠诗中，吐露了更为深沉的感慨。

岂有疏狂性，堪为侍从臣。仰头惊凤阙，下口触龙鳞。剑佩辞天上，风波向海滨。非贤虚偶圣，无屈敢求伸。昔去曾同日，今来即后尘。中年俱白发，左宦各朱轮。长短才虽异，荣枯事略均。殷勤李员外，不合不相亲。

——《赠江州李十使君员外十二韵》（节选）

说来说去，白居易和李渤同病相怜，同是天涯沦落人。若说不甘心，的确不甘心，回首从宦生涯，自任才华不逊于他人，却始终没有施展的机会，未立寸功，一事无成；可回归现实，大家都是一样的，人生起起伏伏，终难如意。

十月一日，白居易到达杭州。杭州，属江南东道，不仅山水奇秀，而且是东南大郡，地广人稠，系朝廷赋税源地之一。作为守土大臣，白居易深感肩头担子不轻，所以疾速向唐穆宗上表谢恩。

旋属方隅不宁，朝廷多事，当陛下盱食宵衣之日，是微臣输肝写胆之时，虽进献愚衷，或期有补，而退思事理，多不合宜。……唯当夙兴夕惕，焦思苦心，恭守诏条，勤恤人庶，下苏凋瘵，上副忧勤。万分之恩，莫酬一二，仰天举首，望阙驰心。葵藿之志徒倾，蝼蚁之诚难达，无任感恩激切之至……

——《杭州刺史谢上表》（节选）

无论白居易对唐穆宗多么失望，他在此表中，句句都在叙说着对皇帝的感恩和忠心。他不仅熟谙官场规则，也特别懂得投唐穆宗之所好。唐穆宗是个喜欢文学、诗词之人，他看中白居易和元稹，皆因喜欢他们的诗文，而非他们的治国之能。白居易深知这一点，在完全失望之后，也只好以流丽的辞章来讨好皇帝了。唐穆宗看到这样一篇表忠心的漂亮文章，想必也是极为满意的。

白居易身为杭州刺史，兢兢业业，不敢有丝毫懈怠——

"平旦起视事，亭午卧掩关。""鳏茕心所念，简牍手自操。何言符竹贵，未免州县劳。"

此时，钱徽任湖州太守，李谅是苏州太守，杭、苏、湖三州鼎足而立，而且都是比较富庶的州郡。

钱徽、李谅本是白居易的老友，白居易开玩笑道："霅溪殊冷僻，茂苑太繁雄；唯此钱塘郡，闲忙恰得中。"自足之意溢于言表。

所谓"霅溪"泛指世外桃源，所谓"茂苑"，则泛指宫苑都城。而杭州既不冷寂，也不喧嚣，恰恰适中。白居易对远离朝廷，冲破拘束，身适、心适的生活非常满意。这完全符合他的"三适"价值观。

醉山月亦解民忧

长庆三年（823 年），经过数月的勤勉工作，白居易已将郡政处理妥帖，开始四处游览。杭州山水锦绣如画，常常引得他诗兴大发。

孤山寺北贾亭西，水面初平云脚低。几处早莺争暖树，谁家新燕啄春泥。乱花渐欲迷人眼，浅草才能没马蹄。最爱湖东行不足，绿杨荫里白沙堤。

——《钱塘湖春行》

望海楼明照曙霞，护江堤白蹋晴沙。涛声夜入伍员庙，柳色春藏苏小家。红袖织绫夸柿蒂，青旗沽酒趁梨花。谁开湖寺西南路，草绿裙腰一道斜。

——《杭州春望》

远离朝廷，不用再为政治争斗悬心，白居易也过上了饮酒抚琴，赏花对弈，今朝有酒今朝醉的日子。

食饱拂枕卧，睡足起闲吟。浅酌一杯酒，缓弹数弄琴。既可畅情性，亦足傲光阴。谁知利名尽，无复长安心。

——《食饱》

二月五日花如雪，五十二人头似霜。闻有酒时须笑乐，不关身事莫思量。羲和趁日沉西海，鬼伯驱人葬北邙。只有且来花下醉，从人笑道老颠狂。

——《二月五日花下作》

春天是宴游的好时节，白居易常常呼朋引伴，带着僚属幕宾、白衣秀士，听歌观舞，悠游湖山。

谢安山下空携妓，柳恽洲边只赋诗。争及湖亭今日会，嘲花咏水赠蛾眉。

——《候仙亭同诸客醉作》

看舞颜如玉，听诗韵似金。绮罗从许笑，弦管不妨吟。可惜春风老，无嫌酒盏深。辞花送寒食，并在此时心。

——《清明日观妓舞听客诗》

鞍马夜纷纷，香街起暗尘。回鞭招饮妓，分火送归人。风月应堪惜，杯觞莫厌频。明朝三月尽，忍不送残春。

——《饮散夜归赠诸客》

听歌观舞，自然少不了乐伎、舞伎和饮伎。在白居易的宴会中，商玲珑往往是座上客。

罢胡琴，掩秦瑟，玲珑再拜歌初毕。谁道使君不解歌？听
唱黄鸡与白日。黄鸡催晓丑时鸣，白日催年酉前没。腰间红绶
系未稳，镜里朱颜看已失。玲珑玲珑奈老何？使君歌了汝更歌。

——《醉歌》

　　据说白居易与元稹在杭州相见时，他在酒席上让商玲珑歌唱元稹
的诗数十首。其实早在忠州时，当地的竹枝词好多都用元稹的诗为歌
词，因为元稹擅写男女爱情，风格凄婉。元稹还为此写诗："休遣玲珑
唱我诗，我诗多是别君词。明朝又向江头别，月落潮平是去时。"

　　牧杭州期间，醉心歌舞，属意诗酒，是白居易主要的消遣方式。
另外栖心释梵，亲近佛、道，也是他生活的一部分。孤山寺和灵隐
寺是当地名胜，白居易自然不会放过。灵隐寺的主持光上人特别擅
长作诗作画，白居易与他常有唱和之作。孤山寺一班僧众喜茶，他
也常与之汲泉煮茶、赏花论佛。

　　有诗，有酒，有禅，有道，杭州又是富庶繁荣之地，可以说，
从长庆二年冬到长庆四年春，白居易过的日子是他这许多年来过得
最惬意的日子。

　　余杭形胜四方无，州傍青山县枕湖。绕郭荷花三十里，拂
城松树一千株。梦儿亭古传名谢，教妓楼新道姓苏。独有使君
年太老，风光不称白髭须。

——《余杭形胜》

　　看起来白居易在杭州刺史任上纵情声色、溺性禅释，荒废郡政，
无所作为。但实际并非如此，他除了节假日，每日的工作量并不小。
一州的行政、财税、司法、治安、文教、水利、农林、工商、民政

救灾、访贫问苦，都在刺史的职责范围内。其中有些是不能耽搁的，比如征税。唐朝对地方运输租税（包括钱、米、布及土特产）到长安的制度非常严格，稍有延迟，就要对地方长官问责。州府机关的运作也是一件大事，各种日常事务、后勤保障，都需要白居易夜以继日地加班才能完成。

长庆三年（823年）夏秋，杭州大旱，田地干涸，百姓生活陷入水深火热之中。白居易急民之所急，按照传统习俗到处祈雨，先是去伍相庙，然后去城隍祠，都不见灵验。他又去皋亭庙拜神祈雨，亲自起草祈文："去秋愆阳，今夏少雨，实忧灾沴，重困杭人。居易忝奉诏条，愧无政术，既逢愆序，不敢宁居……若四封之间，五日之内，雨泽霈足，稼穑滋稔，敢不增修像设，重荐馨香，歌舞鼓钟，备物以报？如此则不独人之福，亦惟神之光。若寂寥自居，胁飧无应，……坐观田农，使至枯悴，如此则不独人之困，亦惟神之羞。惟神裁之，敬以俟命。尚飨。"白居易似乎在与神谈判，甚至语带威胁，可见他求雨之急切。但天不从人愿，没有下雨。他就到田间考察，寻求抗旱救灾的办法。

在调查过程中，白居易发现，西湖（时称钱唐湖）不能很好地积蓄水源，于是决定在方圆三十里的西湖兴修水利，把湖堤加高数尺，扩大西湖的蓄水量，还在湖的南北两端设大闸门，又设多个小出水口，整修疏浚官河。这样就能有效地蓄水、泄洪、灌溉，有效防止旱涝灾害。

在实地考察中白居易还发现，要彻底解决百姓用水问题，还必须疏通六井。原来杭州临近钱塘江，由于海水随潮倒灌，钱塘江水又咸又苦，还影响到地下水，都不宜食用。百姓要喝干净的水，就要费时费力到西湖取水或到周围的山涧取水。前刺史李泌为解决百姓饮水问题，修建了六井，引入西湖水供人们饮用。但是时间一长，六井下面的水道大多淤塞了，影响城内百姓的用水。白居易发现后，决定大力疏通六井，一方面清除堵塞之物，另一方面整修井壁，目的是使井水常足不断，彻底解决百姓的用水问题。

增堤浚井的工程从当年秋天开工建设，到长庆四年（824年）竣工。竣工之后，白居易为之树立石碑，并写了《钱唐湖石记》，向后任刺史传授如何管理西湖水利的经验。

"凡放水溉田，每减一寸，可溉十五余顷；每一复时，可溉五十余顷，先须别选公勤军吏二人：一人立于田次，一人立于湖次，与本所由田户据顷亩，定日时，量尺寸，节限而放之。"

白居易对西湖的情况十分熟悉，他甚至估算出了放水量和可灌溉农田的比例关系，还提出了设立专人值勤的制度。

"俗云：'决放湖水，不利钱唐县官。'县官多假他词以惑刺史。或云'鱼龙无所托'，或云'菱茭先其利'。且鱼龙与生民之命孰急，菱茭与稻粱之利孰多，断可知矣。又云'放湖即郭内六井无水'，亦妄也。且湖底高，井管低，湖中又有泉数十眼，湖耗则泉涌，虽尽竭湖水，而泉用有余。"

他明辨是非，分清利弊，懂得渔农之间的取舍利害关系，不受不作为官僚主义的迷惑，克服了一切困难。

其实，他主持增堤浚井工程的时候，已经病倒了，但还是挣扎着去实地督察，处理工程的一应大小事务。他的治理能力在杭州得到进一步的验证，或许正是因为他有这份能力，却不为朝廷所重用，才使得他越发自觉悲哀。

不过此时他已经不计较了，能在杭州施展才能，造福一方百姓，他已经非常满足。若能给他足够的时间，他有把握在杭州一地实现杜甫"安得广厦千万间，大庇天下寒士俱欢颜"的政治理想。

> 余杭邑客多羁贫，其间甚者萧与殷。天寒身上犹衣葛，日高甑中未拂尘。江城山寺十一月，北风吹沙雪纷纷。宾客不见

绨袍惠，黎庶未沾襦袴恩。此时太守自惭愧，重衣复衾有余温。……我有大裘君未见，宽广和暖如阳春。此裘非缯亦非纩，裁以法度絮以仁。刀尺钝拙制未毕，出亦不独裹一身。若令在郡得五考，与君展覆杭州人。

——《醉后狂言酬赠萧、殷二协律》

萧、殷两位寒士客居杭州，天寒下雪还身穿葛衣，白居易由此联想到杭州城穷苦的百姓，不由心中惭愧，他命人做了两件袍子送给二位寒士。二位寒士写信向他表示感谢，他则向二位寒士表明自己的志向：如果他做满五年杭州刺史，他能做一件以仁为絮的大裘衣，覆盖全杭州的人民。

同年八月，元稹赴任浙东观察使、越州刺史，途中要路过杭州，白居易从得知消息就开始翘首以盼。一直等到十月，元稹才到达杭州。白居易与之诗酒宴饮，同住三日。此番老友相会，少不了要回忆前尘旧事。

阁中同直前春事，船里相逢昨日情。分袂二年劳梦寐，并床三宿话平生。紫微北畔辞宫阙，沧海西头对郡城。聚散穷通何足道，醉来一曲放歌行。

——《答微之咏怀见寄》

元稹离开杭州到越州上任后，白居易与他经常通过邮吏，相互托付诗简，酬答唱和连绵不断，数量多达数百首，甚至还开创了次韵的创作方式。

所谓次韵，它要求作者用所和的诗的原韵原字，其先后次序也与被和的诗相同，是和诗中限制最严格的一种。宋朝的张表臣《珊瑚钩诗话》讲得更为具体："前人作诗，未始和韵。自唐白乐天为杭州刺史，元微之为浙东观察，往来置邮筒倡和，始依韵。"也就是说，白居易和元稹这一次在杭州相会，创造了和韵的另一种方式。

　　律吕同声我尔身，文章君是一伶伦。众推贾谊为才子，帝喜相如作侍臣。次韵千言曾报答，直词三道共经纶。元诗驳杂真难辨，白朴流传用转新。蔡女图书虽在口，于公门户岂生尘。商瞿未老犹希冀，莫把籯金便付人。

——《酬乐天余思不尽加为六韵之作》（元稹作）

　　海内声华并在身，箧中文字绝无伦。（美微之也。）遥知独对封章草，忽忆同为献纳臣。
　　走笔往来盈卷轴，除官递互掌丝纶。（予与微之前后寄和诗数百篇，近代无如此多有也。予除中书舍人，微之撰制词；微之除翰林学士，予撰制词。）制从长庆辞高古，诗到元和体变新。（微之长庆初知制诰，文格高古，始变俗体，继者效之也。众称元白为千字律诗，或号元和格。）各有文姬才稚齿，俱无通子继余尘。（蔡邕无儿，有女琰，字文姬。陶潜小儿名通子。）琴书何必求王粲，与女犹胜与外人。

——《余思未尽加为六韵重寄微之》

　　清朝赵翼的《瓯北诗话》有云："唐人有和韵，尚无次韵；次韵实自元白始。依次押韵，前后不差，此古所未有也。而且长篇累幅多至百韵少亦数十韵争能斗巧层出不穷此又古所未有也。"意思是，唐人有和韵，尚无次韵，次韵是从元白两人开始的，按照原诗依次押韵，前后不差，这是前所未有的事。而且长篇大论，多的有一百多个韵脚，少的也有几十个韵脚，争着展现才能，斗夸巧妙，层出不穷，这也是古代从没有过的事。

元白二人的交情朝中尽人皆知，两人才情相当，诗风相近，在宦海沉浮中相诫、相勉、相慰、相娱，虽然在京城有过短暂的疏离，但与他们的友情无碍。元稹到了越州任上整理了自己的诗集，命名为《元氏长庆集》。白居易离任时把自己的诗文稿交给元稹，元稹把白居易的文稿加以补充，编撰成集子，共五十卷，凡两千一百九十一首，命名为《白氏长庆集》，并写了序文。两人因而被并称为"元白"。

其实，当时任湖州刺史的崔玄亮也与白居易、元稹来往密切，唱和不断，三人之间有《三州唱和集》。崔玄亮当年和白居易、元稹一起通过书判拔萃科的考试，同授秘书省校书郎。此后若干年，崔玄亮与白居易断了联系，直到这次任湖州刺史，两人和元稹才又热络起来。

白居易嗜酒，崔玄亮特意赠给他湖州特产的"箬下酒"。白居易十分喜欢这种酒，不仅自饮，也拿来招待客人。

> 一榼扶头酒，泓澄泻玉壶。十分蘸甲酌，激滟满银盂。捧出光华动，尝看气味殊。手中稀琥珀，舌上冷醍醐。瓶里有时尽，江边无处沽。不知崔太守，更有寄来无。
>
> ——《早饮湖州酒，寄崔使君》

> 欲送残春招酒伴，客中谁最有风情？两瓶箬下新开得，一曲霓裳初教成。排比管弦行翠袖，指麾船舫点红旌。慢牵好向湖心去，恰似菱花镜上行。
>
> ——《湖上招客送春泛舟》

· 白居易在杭州过得很充实很快乐，只不过长安风云又变，长庆四年（824年），唐穆宗去世，年仅十六岁的唐敬宗即位。唐敬宗对白居易礼遇有加，但他耽于享乐，从不把国家大政放在心上。

大唐又往深渊滑了一步。

分司洛阳又赴苏

长庆四年五月，白居易刺史秩满，诏授太子右庶子，正四品下。因为对杭州，尤其是对西湖留恋不舍，他并没有立刻动身，而是把杭州的一些名胜古迹又重访了一遍。

湖上春来似画图，乱峰围绕水平铺。松排山面千重翠，月点波心一颗珠。碧毯线头抽早稻，青罗裙带展新蒲。未能抛得杭州去，一半勾留是此湖。

——《春题湖上》

征途行色惨风烟，祖帐离声咽管弦。翠黛不须留五马，皇恩只许住三年。绿藤阴下铺歌席，红藕花中泊妓船。处处回头尽堪恋，就中难别是湖边。

——《西湖留别》

西湖的山水和田野风光，还有他在西湖的回忆，都让他难以割舍，迟迟不愿离开。一直拖到六月份，他才启程。启程之日，杭州的男女老少都出来送行，许多人提着酒壶，有些人竟泣不成声，令白居易十分感动。

　　耆老遮归路，壶浆满别筵。甘棠无一树，那得泪潸然。税重多贫户，农饥足旱田。唯留一湖水，与汝救凶年。

——《别州民》

杭州刺史的俸禄是极高的。据《唐会要》，上州刺史的俸禄是八十贯，也就是八万钱，此外还有现在已无法详细考证的各种杂给、料钱、职田收入以及州府公廨的利钱（政府用富余的行政经费发放高利贷，所得利息用于补贴政府工作人员，在当时是合法的）。在经济发达的杭州，这些收入当然数目不小。但白居易到了离任的时候，把自己薪俸中剩下来的钱捐了出来，用于维修西湖水利、救赈灾荒等。据《唐语林》记载，"白居易，长庆二年以中书舍人为杭州刺史。……及罢，俸钱多留守库，继守者公用不足，则假而复填，如是五十余年"。据说这笔钱一直存用在守库中，直到黄巢起义时毁于兵燹。

他在杭州两年多，兴修水利，为民谋福，临走时两袖清风，只是从天竺山拣了两块自己喜爱的石头带走，还反思自己是否有伤清白。

　　三年为刺史，饮冰复食蘗。唯向天竺山，取得两片石。此抵有千金，无乃伤清白。

——《三年为刺史二首》其二

杭州人敬仰他的高风亮节，感激他的惠民政绩，把横亘西湖中的白沙堤，改称为"白堤"，这是对白居易最好的纪念。

因为没有叛乱，白居易这次离开杭州，打算走运河水路，从苏州、常州、扬州，北上徐州，再从汴州、洛阳，折向长安。他这样安排还有一个考虑，那就是回新郑、徐州老家看看。

他在徐州治下的符离曾经度过一段苦学时光，他与湘灵也是在这里相识相恋。他多年之后再度回到老家，旧居已经衰败凋敝，老村的道路全都改移了，村邻也全变换了。因为赋税，田畴微薄，白家其他支脉的弟侄们以及乡亲们依然十分清贫。至于湘灵一家，已经彻底没有了消息。

在失落与惆怅中，白居易来到了洛阳。此时的河南尹王起，是白居易在翰林院的同僚，两人也曾在长庆元年一起担任知制诰。这次白居易来到洛阳，王起自然少不了呼朋引伴热情款待。酒酣之余，大家谈及时政，又不免一番感慨。白居易在这里听到了不少新皇唐敬宗的荒唐事。这位十六岁的少年皇帝比他父亲还要荒淫，声色犬马是他生命的全部，朝野上下无不失望。白居易还得知自己的老朋友李绅也从户部侍郎被贬为端州司马。

这样的政局，白居易深为厌倦。他一时想留在洛阳，一时又想回故乡下邽去，想法犹疑不决。

秋馆清凉日，书因解闷看。夜窗幽独处，琴不为人弹。游宴慵多废，趋朝老渐难。禅僧教断酒，道士劝休官。渭曲庄犹在，钱唐俸尚残。如能便归去，亦不至饥寒。

——《洛下寓居》

经过考虑，他给宰相牛僧孺写了一封信，请求以现任官职分司东都。唐朝中后期，在东都洛阳设置了东都留守司，下辖一套略同于长安的中央级机构，其中的任官者称为"某某分司东都"。在东都的分司机构中，除了尚书省和御史台有实际职能以外，其他均为闲职。来此任职的人，不是在长安失意被贬的，就是年事已高准备安度晚年的。

白居易请求分司，按理说，并不妥当。他接到除授太子左庶子的诏书，应该先到东宫报到，再提出其他请求，这样才符合规矩和制度。而白居易还没到长安就止步洛阳，在旁人看来似乎有些托大。好在宰相牛僧孺对白居易是十分敬重的，毕竟当年在华阳观时曾得白居易帮助，而且他进士及第时白居易是制策考官，算是白居易的门生。另外，牛僧孺与杨虞卿交好，而杨虞卿又是白居易妻子杨氏的从兄，有这两层关系，牛僧孺很爽快地答应了白居易的要求。因此白居易很快就接到了新的诏书，以太子左庶子分司东都，他可以在洛阳住下来了。

白居易刚到洛阳时，住的是河南府的驿站。下一步要考虑的，是在洛阳买一座宅子。他把在杭州的收入都留在杭州了，手头并不宽绰。好在王起十分富裕，且与白居易相识多年，他资助了白居易一些资金。白居易自己也努力筹钱，他从杭州带来了五匹马，卖掉了两匹，在洛阳的履道里购置了已故杨凭的旧宅。杨凭也是弘农杨氏的一个支脉，和白居易妻子杨氏有亲戚关系。

与白居易在长安买的房子相比，洛阳的这套显然要宽敞得多。王起还斥资为白居易的新宅池塘造了一座桥。更特别的是白居易还特地从杭州带来了一只华亭鹤。

> 三年典郡归，所得非金帛。天竺石两片，华亭鹤一只。饮
> 啄供稻粱，包裹用茵席。诚知是劳费，其奈心爱惜。远从余杭

郭，同到洛阳陌。下担拂云根，开笼展霜翮。贞姿不可杂，高性宜其适。遂就无尘坊，仍求有水宅。东南得幽境，树老寒泉碧。池畔多竹阴，门前少人迹。未请中庶禄，且脱双骖易。岂独为身谋？安吾鹤与石。

——《洛下卜居》

迁入新居之后，白居易对这座住宅十分满意。这里环境清幽，竹木池馆，一一具备，"穿篱绕舍碧逶迤，十亩闲居半是池"，"霜竹百千竿，烟波六七亩。泓澄动阶砌，淡泞映户牖"，这样的环境才不委屈了他的华亭鹤与天竺石。

白居易在这座新宅子里还和其他的分司官相互唱和，如太子右庶子分司杨归厚、皇甫镛、祠部员外郎分司尉迟汾等。这段时间，他"吏隐"的思想偶尔比较强烈。

早在江州时，他就以为江州司马有俸禄无职责，特别适合吏隐。他当时给元稹写《与元九书》时，就曾写过这么一句："时之来也，为云龙，为风鹏，勃然突然，陈力以出；时之不来也，为雾豹，为冥鸿，寂兮寥兮，奉身而退。进退出处，何往而不自得哉！"按照白居易的逻辑，时运来时，就抓住机会，一展才华，兼济天下；时运不来，就保持安静，隐身而退，这样无论去哪里都能怡然自得。

他如此说，也是如此做的。他隐的时候，过的是听琴咏诗万事不想的悠闲日子。

本性好丝桐，尘机闻即空。一声来耳里，万事离心中。清畅堪销疾，恬和好养蒙。尤宜听三乐，安慰白头翁。

——《好听琴》

辞章讽咏成千首，心行归依向一乘。坐倚绳床闲自念，前生应是一诗僧。

——《爱咏诗》

小竹围庭匝，平池与砌连。闲多临水坐，老爱向阳眠。营役抛身外，幽奇送枕前。谁家卧床脚，解系钓鱼船。

——《临池闲卧》

不过，要白居易彻底闲下来是不太可能的，他时时都在打听长安的消息。唐敬宗虽然荒淫，但朝政没有出大乱子，他所用的宰相如牛僧孺、李程、窦易直等皆为能臣。李逢吉虽然热衷于党争，但也没有做过严重危害民生的事情。掌权的宦官梁守谦、王守澄等都比较低调、收敛，不像吐突承璀那样张扬跋扈。因此唐敬宗即位一年多，也没惹出大事。牛僧孺已出任武昌节度使，不能再帮他斡旋。于是他上书李逢吉和李程，请求重新安排职位。

此时恰逢苏州刺史李谅正好任期届满须调回长安。于是，在洛阳过了几个月的闲居生活后，白居易于宝历元年（825 年）三月四日接到黄纸诏书：除苏州刺史。

苏州也是与杭州同列的江南名郡，地方富庶不说，风景名胜也不俗，更是个有诗有歌有舞的好地方。但白居易并未"克日赴任"，他还是舍不得他精心营造的洛阳小宅。直到三月二十九日，白居易才动身。出发之前，他还一个人跑到洛阳城东去与花"告别"。

乱雪干花落，新丝两鬓生。老除吴郡守，春别洛阳城。江上今重去，城东更一行。别花何用伴，劝酒有残莺。

——《除苏州刺史别洛城东花》

173

这次白居易前往苏州的路线就是一年之前他从杭州前往洛阳的路线，所以一路上的地方官都是熟人，应酬不断，特别受到宣武节度使、汴州刺史令狐楚的热烈欢迎。白居易在汴州一住就是五天。令狐楚写得一手好骈文，风格虽与白居易不同，但也是好诗之人，与白居易也是唱和不断。

过汴州、徐州，白居易到了常州。常州刺史贾𬭚也曾在朝中任知制诰，与白居易相熟，两人又免不了一番宴饮唱和。

　　杭城隔岁转苏台，还拥前时五马回。厌见簿书先眼合，喜逢杯酒暂眉开。未酬恩宠年空去，欲立功名命不来。一别承明三领郡，甘从人道是粗才。

——《赴苏州至常州答贾舍人》

白居易在这首诗里透露了部分真实的想法，"欲立功名命不来"，显然他并不满足这样的职位、这样的生活。在他心中，"秉国权，治天下"才是真正的"立功名"，而在几个地方做刺史，实在没有大的作为，甘愿别人说他才能粗浅。

其实，他每到一个地方做刺史，都能勤政爱民，做出一定的政绩，但他觉得这对整个国家没什么帮助。

这样一路走，一路与熟人唱和，直到五月初五，白居易才到了苏州，照例作《苏州刺史谢上表》，上奏朝廷谢恩。

　　当今国用多出江南，江南诸州，苏最为大，兵数不少，税额至多。土虽沃而尚劳，人徒庶而未富。宜择循良之吏，委以抚绥；岂臣琐劣之才，合当任使？然既奉成命，敢不誓心。必拟夕惕夙兴，焦心苦节。唯诏条是守。唯人瘼是求。谕陛下忧勤之心，布陛下慈和之泽。

苏州在元和年间户数超过十万，按一户五人至十人来算，估计约有人口五十万至一百万，是当时大唐较大的城市之一。与此相应，这种地方必然利益关系复杂，事务繁巨，要治理好实非易事。白居易初到苏州时，是非常忙碌的。

今年五月至苏州，朝钟暮角催白头。贪看案牍常侵夜，不听笙歌直到秋。

——《霓裳羽衣舞歌》（节选）

朝亦视簿书，暮亦视簿书。簿书视未竟，蟋蟀鸣座隅。始觉芳岁晚，复嗟尘务拘。

——《题西亭》（节选）

清旦方堆案，黄昏始退公。可怜朝暮景，销在两衙中。

——《秋寄微之十二韵》（节选）

虽然苏州存在各种弊病，但白居易对如何处理苏州的政务成竹在胸。他寄给昔日同僚好友贾餗和崔群的诗中写道："削使科条简，摊令赋役均。以兹为报效，安敢不躬亲。襦裤提于手，韦弦佩在绅。敢辞称俗吏，且愿活疲民。"意思是他要"削简科条"，均摊赋税，事必躬亲，绝不做庸臣俗吏。

这首诗中有两个典故：襦裤和韦弦之佩。襦裤原本指衣裤。据说，后汉时期，廉范任蜀郡太守时，成都物产丰盛，房屋之间间距很窄。

从前的条令禁止百姓晚上活动，防止火灾，但是百姓偷偷地活动，火灾每天都会发生。于是廉范废除原来的法令，只是严格要求百姓储存水而已。百姓感到很方便，编成歌说："廉叔度，来何暮？不禁火，民安作。平生无襦今五裤。"以此来歌颂他的功绩，后来，便用"襦裤"称颂地方官吏善政。

而韦弦之佩来源于《韩非子·观行》："西门豹之性急，故佩韦以缓己；董安于之性缓，故佩弦以自急。"意思是西门豹的性情急躁，所以常常佩着一条软而韧的熟牛皮带，以警醒自己不要性急；董安于的性情迟缓，所以常常佩着一张绷得紧紧的弓弦，以勉励自己不要迟慢。韦弦之佩指的是随时警诫自己。

白居易在这里用这两个典故，表明他想要为改善百姓生活有一番作为的决心和他自省的态度。他也确实做出了一些政绩，但他毕竟老了，越来越力不从心了。

第七章

莫问浮生事，归来花正幽

在苏州任刺史的第一年，白居易过得充实，一边忙于公务，筑堤修路；另一边与诗友唱和，排练《霓裳羽衣舞》。但第二年白居易的身体越来越差，因坠马导致的腰伤和腿伤刚有好转，又患了眼疾。身心憔悴的白居易产生了辞官的想法。宝历二年，白居易自动免除了刺史的职位，回归故里洛阳，准备养老。

苏州心不及杭州

　　白居易来到苏州当刺史并非只想混日子。上任当年，他就主持重开武丘寺路。武丘（唐高祖李渊的祖父名叫李虎，所以唐人避讳虎，虎丘改为武丘），在那时已成为吴中名胜，声闻江南。白居易最爱游览名胜，自然也爱去武丘。但当时去武丘，需坐船，再下船从田间纵横的田埂上步行上山，十分劳顿。于是白居易发动民工，清淤排涝，使阊门到武丘山的七里山塘河畅通无阻，并利用河中挖起的泥土，顺势拓展河堤，垒石加固。如此一来，不仅解除了洪涝之忧，也可供车马往来驱驰，无论从水路还是从陆路，都能较为方便地前往武丘。

　　　　自开山寺路，水陆往来频。银勒牵骄马，花船载丽人。芰荷生欲遍，桃李种仍新。好住湖堤上，长留一道春。

　　　　　　　　　　　　　　　　　　　　　　　　——《武丘寺路》

　　这首诗题下自注云："去年重开寺路，桃李莲荷约种数千株。"诗写于宝历二年（826年），可推断重开武丘寺路在前一年。以诗中可知，白居易除了在河边筑堤修路，还在路旁种上桃李树，在湖里栽上莲荷。因此，堤上形成了一道桃李争春的美丽风景，此后，每年春天游人如织、一片繁荣景象。这是白居易对苏州的重大贡献。

在苏州，白居易于为官理念、税赋政策、经济发展和倡导的宜居环境建设等方面都有着非常成功的作为。

地方守官，依例得向朝廷进贡特产。苏州柑橘闻名，尤其是吴县西南太湖中洞庭山所出最佳。为挑选上等的贡橘，收获季节，白居易亲自乘船到太湖上，检察橘农的采摘、包装，进而写诗表明自己对朝廷的忠诚，以及对苏州的橘树的自得。

洞庭贡橘拣宜精，太守勤王请自行。珠颗形容随日长，琼浆气味得霜成。登山敢惜驽骀力，望阙难伸蝼蚁情。疏贱无由亲跪献，愿凭朱实表丹诚。

——《拣贡橘书情》

水天向晚碧沉沉，树影霞光重叠深。浸月冷波千顷练，苞霜新橘万株金。幸无案牍何妨醉，纵有笙歌不废吟。十只画船何处宿，洞庭山脚太湖心。

——《宿湖中》

夜晚，诗人一行人就住在湖中。向晚时水天苍茫，霞光与树影交辉，入夜后可见千顷澄波深藏皓月，万株橘树闪烁金光。如此良辰美景，身边又没有案牍劳神，不如一醉。

白居易向来很懂得"独乐乐不如众乐乐"，同年七月的一个休沐日，他设宴款待郡府群僚。诗酒酣宴，兴犹未尽，他想起韦应物当年

179

任苏州刺史时，曾宴请当时的诸位文人，直抒胸臆，写了一首《郡斋雨中与诸文士燕集》，便也效仿韦应物，即席作了一首《郡斋旬假使命宴，呈座客，示郡寮》，并将两首诗刻在一块碑石的两面。随后他又写了一篇《吴郡诗石记》，写明此事的来龙去脉以及自己当时的心境，并将这篇文章也附在了自己所写诗歌的后面。

公门日两衙，公假月三旬。衙用决簿领，旬以会亲宾。公多及私少，劳逸常不均。况为剧郡长，安得闲宴频。下车已二月，开筵始今晨。初黔军厨突，一拂郡榻尘。既备献酬礼，亦具水陆珍。萍醅箸溪酤，水鲙松江鳞。侑食乐悬动，佐欢妓席陈。风流吴中客，佳丽江南人。歌节点随袂，舞香遗在茵。清奏凝未阕，酡颜气已春。众宾勿遽起，群寮且逡巡。无轻一日醉，用犒九日勤。微彼九日勤，何以治吾民？微此一日醉，何以乐吾身？

——《郡斋旬假使命宴，呈座客，示郡寮》

白居易在诗中交代自己最初来苏州的情况，"公多及私少，劳逸常不均"，今日他宴请诸位僚属，有美食"水陆珍"，有美伎"佐欢妓席陈"。他用这一日醉，犒赏僚属"九日勤"。没有这"九日勤"，无法治理一方百姓，而没有"一日醉"，又怎么能"乐吾身"？

……时予始年十四五，旅二郡，以幼贱不得与游宴，尤觉其才调高而郡守尊，以当时心言，异日苏、杭苟获一郡足矣。及今自中书舍人间领二州，去年脱杭印，今年佩苏印，既醉于彼，又吟于此，酣歌狂什，亦往往在人口中，则苏、杭之风景，韦、房之诗酒，兼有之矣。岂始愿及此哉！

——《吴郡诗石记》（节选）

苏杭之风景已领略，韦、房之诗酒已拥有。少年愿望达成，白居易很满足。他清廉自守，不贪不敛，这源于他从小受的儒家教育，但就他本身而言，最满意的生活则始终是有诗有酒和满足身适、足适、心适的悠闲生活。

白居易是非常喜欢杭、苏二郡的，当初他在江州时嫌弃江州偏僻，曾说"浔阳地僻无音乐，终岁不闻丝竹声"，"住近湓江地低湿，黄芦苦竹绕宅生"，而他对苏州的人文景观和自然风光是赞不绝口。

> 阊门四望郁苍苍，始觉州雄土俗强。十万夫家供课税，五千子弟守封疆。阖闾城碧铺秋草，乌鹊桥红带夕阳。处处楼前飘管吹，家家门外泊舟航。云埋虎寺山藏色，月耀娃宫水放光。曾赏钱唐嫌茂苑，今来未敢苦夸张。
>
> ——《登阊门闲望》

白居易登上苏州城西门，环望四周并鸟瞰苏州。城区一片郁郁苍苍，颇有大州大府的气概。古代吴国留下的"阖闾城""乌鹊桥"，表明了苏州的悠久历史和古城风采。"处处楼前飘管吹，家家门外泊舟航"展现了苏州的富庶繁华与水乡特色。

宴饮之乐，有诗有酒是不够的，还要有歌有舞。嗜琴如命的崔玄亮在这一年赠红石琴给同样爱琴的白居易，白居易感激不已，于是写诗酬谢。

> 赪锦支绿绮，韵同相感深。千年古涧石，八月秋堂琴。引出山水思，助成金玉音。人间无可比，比我与君心。
>
> ——《崔湖州赠红石琴荐焕如锦文，无以答之，以诗酬谢》

有了好琴，以名曲抚之，当然也要以名舞配之。白居易在唐宪宗时曾在宫廷内见过《霓裳羽衣舞》，如今年纪越大，越对那支舞念念不忘。他在杭州时，就曾教歌伎们排演《霓裳羽衣舞》，但随着他调任，这支舞也不了了之。如今他到了苏州，偶然听说元稹的部属多有能歌善舞者，于是给元稹写信，问《霓裳羽衣舞》之事。元稹给他寄去《霓裳羽衣谱》。他如获至宝，决心以谱为据，在苏州重新教练歌伎排演。

> 我昔元和侍宪皇，曾陪内宴宴昭阳。千歌万舞不可数，就中最爱霓裳舞。舞时寒食春风天，玉钩栏下香案前。案前舞者颜如玉，不着人间俗衣服。……移领钱唐第二年，始有心情问丝竹。玲珑箜篌谢好筝，陈宠觱篥沈平笙。清弦脆管纤纤手，教得霓裳一曲成。……秋来无事多闲闷，忽忆霓裳无处问。闻君部内多乐徒，问有霓裳舞者无？答云七县十万户，无人知有霓裳舞。唯寄长歌与我来，题作霓裳羽衣谱。四幅花笺碧间红，霓裳实录在其中。千姿万状分明见，恰与昭阳舞者同。眼前仿佛睹形质，昔日今朝想如一。疑从魂梦呼召来，似著丹青图写出。我爱霓裳君合知，发于歌咏形于诗。……若求国色始翻传，但恐人间废此舞。妍媸优劣宁相远，大都只在人抬举。李娟张态君莫嫌，亦拟随宜且教取。

> ——《霓裳羽衣舞歌》

玲珑、谢好、陈宠、沈平都是杭州有名的乐伎。白居易把她们组织起来，"教得霓裳一曲成"。当时因为他调离杭州，乐伎飘零四散，甚为可惜，而后到苏州，他又重新排演曲子和舞蹈。李娟、张态也是当时有名的舞伎。

这一年，白居易的生活过得很充实，忙郡中公务、筑堤修路、督办贡橘事务、宴请僚属、与众位诗友唱和、排演《霓裳羽衣舞》，然而在他内心深处，始终有一种缺少精神动力的萎靡感和对衰老的无力感。

> 微之别久能无叹，知退书稀岂免愁。甲子百年过半后，光阴一岁欲终头。池冰晓合胶船底，楼雪晴销露瓦沟。自觉欢情随日减，苏州心不及杭州。
>
> ——《岁暮寄微之三首》之一

"自觉欢情随日减，苏州心不及杭州。"白居易就在这样的心境中迎来了宝历二年。他的身体和精神状况越来越差。二月末，他又在从灵岩寺归来的途中于马上掉下来，摔伤了腰和腿，一躺就是一个多月。

> 足伤遭马坠，腰重倩人抬。只合窗间卧，何由花下来。坐依桃叶妓，行呷地黄杯。强出非他意，东风落尽梅。
>
> ——《马坠强出，赠同座》

白居易伤得很重，只能卧床，连坐都要依靠桃叶妓。桃叶妓指的是陈结之，她在歌舞方面似乎没什么才艺，主要是多年服侍白居易的起居日常。后来白居易曾写过一首《结之》："欢爱今何在，悲啼亦是空。同为一夜梦，共过十年中。"

靠着陈结之的照顾，白居易的腰伤和腿伤渐渐好了，然而五月以后，他的眼病却越来越严重。

> 散乱空中千片雪，蒙笼物上一重纱。纵逢晴景如看雾，不

是春天亦见花。僧说客尘来眼界，医言风眩在肝家。两头治疗何曾瘥，药力微茫佛力赊。

眼藏损伤来已久，病根牢固去应难。医师尽劝先停酒，道侣多教早罢官。案上谩铺龙树论，盒中虚撚决明丸。人间方药应无益，争得金篦试刮看。

——《眼病二首》

眼病不好，各方求医也不见效果，白居易感觉自己身体已经无法继续坚持工作，于是有了辞官的想法。

腰痛拜迎人客倦，眼昏勾押簿书难。辞官归去缘衰病，莫作陶潜范蠡看。

——《酬别周从事二首》之一

公私颇多事，衰惫殊少欢。迎送宾客懒，鞭笞黎庶难。老耳倦声乐，病口厌杯盘。既无可恋者，何以不休官。

——《自叹五首》其三

一般来说，春夏之际本也是公务最繁忙的时候。他本就身体不好，却公务缠身，心情便极度烦躁，思想倾向于消极。他对官场的不满，此时更甚。比如，没完没了的应酬，为完成朝廷下达的征兵、收税的数额而去催逼百姓等事务。白居易考虑再三，决定以身体为由请百日长假。

按照律例，官员请求百日长假，等于自我休职。长假期间，需在任上休息，假满即可离开。

在百日长假获准之后，白居易放松了精神，似乎腰也不那么痛了，眼睛也不那么昏了，开始了真正意义上的轻松游历。他一边了无负担地访山问水，与吴中名胜一一告别，另一边和朋友僚属诗酒欢宴，畅叙离别之情。

> 吴中好风景，风景无朝暮。晓色万家烟，秋声八月树。舟移管弦动，桥拥旌旗驻。改号齐云楼，重开武丘路。况当丰熟岁，好是欢游处。州民劝使君，且莫抛官去。
> ——《吴中好风景二首》其二

> 潦倒官情尽，萧条芳岁阑。欲辞南国去，重上北城看。……水光红漾漾，树色绿漫漫。约略留遗爱，殷勤念旧欢。病抛官职易，老别友朋难。
> ——《齐云楼晚望偶题十韵兼呈冯侍御，周、殷二协律》（节选）

宝历二年的八月底，暑热的一天，白居易在午睡时做了一个噩梦。梦中全然没有苏州官舍的影子，而自己被贬于更偏远的岭南，独自在泥雨中痛苦地跋涉。梦醒来，他久久难以摆脱余悸的困扰。九月初，白居易因为百日假满，自动免除了苏州刺史的职务，他还写了一首《喜罢郡》，迫不及待地要休官北归。

> 五年两郡亦堪嗟，偷出游山走看花。自此光阴为己有，从前日月属官家。樽前免被催迎使，枕上休闻报坐衙。睡到午时欢到夜，回看官职是泥沙。

"睡到午时欢到夜，回看官职是泥沙。"素来看重官职的白居易，此时却恨不得抛却一切前途名利，只为得到自由。他算了算自己还有余钱，便对自己的处境特别满意。

自喜天教我少缘，家徒行计两翩翩。身兼妻子都三口，鹤
与琴书共一船。僮仆减来无冗食，资粮算外有馀钱。携将贮作
丘中费，犹免饥寒得数年。

——《自喜》

白居易虽然急着离开苏州，但多年以后，他回想起在杭州、苏
州的这一段日子，还是充满了怀念。他写的《忆江南》生动地描绘
出江南春意盎然的大好景象。他通过山寺寻桂和钱塘观潮的画面来
写杭州之美，又选取竹叶春酒和吴娃醉舞，勾勒出苏州的旖旎风情。
这三首诗主旨相同而各具首尾，分别描绘江南的景色美、风物美以
及女性之美，相对独立而又互为补充，意境奇妙，在唐诗中十分
难得。

江南好，风景旧曾谙。日出江花红胜火，春来江水绿如蓝。
能不忆江南？
江南忆，最忆是杭州。山寺月中寻桂子，郡亭枕上看潮头。
何日更重游？
江南忆，其次忆吴宫。吴酒一杯春竹叶，吴娃双舞醉芙蓉。
早晚复相逢？

白头老监枕书眠

十月初，白居易启程返回洛阳，告别苏州。

> 浩浩姑苏民，郁郁长洲城。来惭荷宠命，去愧无能名。青
> 紫行将吏，班白列黎氓。一时临水拜，十里随舟行。饯筵犹未
> 收，征棹不可停。稍隔烟树色，尚闻丝竹声。怅望武丘路，沉
> 吟浒水亭。还乡信有兴，去郡能无情。

——《别苏州》

苏州的百姓和官吏都来为白居易送行，他们临水相拜，随船相
送，抬着酒席，吹奏着乐曲，送行十里。白居易深受感动，他受皇
命来到苏州，自愧无所作为，而百姓们却如此盛情对他，他心中感
叹，还乡自然是高兴的，但离开苏州，离开这些百姓无疑也是令人
惆怅的。无奈天下事没有两全。若白居易此时年轻二十岁，他或许
会有别的选择。他回顾自己这一生，曾在年轻时苦学，曾在中年时
竭力实现自己的政治理想，哪怕受到皇帝和达官贵人的排挤，到了

知天命之年，也努力治理好一方水土、造福一方百姓。这几十年，他也作诗千余首。他并不曾真正浪费时间、虚度光阴，然而他还是产生了一生无所作为的挫败感。当然这只是他自己的感觉，在别人看来，他无疑是一个成功者。

他走到扬州，在扬州南面的扬子津，与刘禹锡不期而遇。刘禹锡担任和州刺史届满，正要返回长安，路经扬州。两人本来多有诗篇唱和，于是两人同游扬州，于此盘桓约半月之久。

两人在扬州游览亭台楼阁，山水名胜，常常对酒联诗。刘禹锡听到白居易辞职离开苏州时的情况，写了著名的《白太守行》。

> 闻有白太守，抛官归旧谿。苏州十万户，尽作婴儿啼。太守驻行舟，阊门草萋萋。挥袂谢啼者，依然两眉低。朱户非不崇，我心如重狴。华池非不清，意在寥廓栖。夸者窃所怪，贤者默思齐。我为太守行，题在隐起珪。

一句"苏州十万户，尽作婴儿啼"盛赞白居易得民心，为政有方。白居易随即写了《答刘禹锡白太守行》。

> 吏满六百石，昔贤辄去之。秩登二千石，今我方罢归。我秩讶已多，我归惭已迟。犹胜尘土下，终老无休期。卧乞百日告，起吟五篇诗。[谓将罢官自咏五首。]朝与府吏别，暮与州民辞。去年到郡时，麦穗黄离离。今年去郡日，稻花白霏霏。为郡已周岁，半岁雁旱饥。襦裤无一片，甘棠无一枝。何乃老与幼，泣别尽沾衣。下惭苏人泪，上愧刘君辞。

白居易惭愧自己拿的俸禄太多，却没有做出多少政绩惠及民生，如何对得起那么多痛哭流涕地为自己"送行"的老幼百姓。因此，他觉得"下惭苏人泪，上愧刘君辞"。由此看来，白居易始终保持着朴素的士大夫操守。但白居易也很脆弱敏感，抗压力差，他与刘禹锡同龄，和刘禹锡的政治理念也相同，但和刘禹锡被贬远地多年的遭遇相比，他的境遇真的好太多了。所以他对刘禹锡一直很钦佩，不仅钦佩刘禹锡的为人，更钦佩刘禹锡的诗文，钦佩其诗文中那种豪情和豁达。

如今两人见面，听刘禹锡亲口诉说这些年的坎坷经历，白居易更是感慨万千，当场写诗赠刘禹锡。白居易替刘禹锡鸣不平：

> 为我引杯添酒饮，与君把箸击盘歌。诗称国手徒为尔，命压人头不奈何。举眼风光长寂寞，满朝官职独蹉跎。亦知合被才名折，二十三年折太多。
>
> ——《醉赠刘二十八使君》

刘禹锡随即回赠，写下《酬乐天扬州初逢席上见赠》一诗。

> 巴山楚水凄凉地，二十三年弃置身。怀旧空吟闻笛赋，到乡翻似烂柯人。沉舟侧畔千帆过，病树前头万木春。今日听君歌一曲，暂凭杯酒长精神。

永贞革新时，刘禹锡被贬外地，到现在已经二十三年，其中的痛楚、愤懑和无处可诉的冤屈，有几个人能真正明白呢？面对白居易所给予的同情，刘禹锡不谈自己的得失，只是谈对老友的怀念和对过往人生的感慨。

"闻笛赋"，指西晋向秀的《思旧赋》。三国曹魏末年，向秀的朋友嵇康、吕安因不满司马氏篡权而被杀害。后来，向秀经过嵇康、吕安的旧居，听到邻人吹笛，不禁悲从中来，于是作《思旧赋》。序文中说：自己经过嵇康旧居，因写此赋追念他。刘禹锡借用这个典故怀念已死去的王叔文、柳宗元等人。

而"烂柯人"，大家都熟悉。相传晋人王质上山砍柴，看见两个童子下棋，就停下观看，等棋局终了，手中的斧柄（柯）已经朽烂，回到村里，才知道已过了数百年，同代人都已经亡故。刘禹锡以此典故表达自己遭贬二十三年的感慨，他如今已到暮年，而今返乡更是恍如隔世。但不管刘禹锡心中埋藏了多少不平与委屈，他始终高昂着头，期待更好的明天，为自己，也为大唐。

白居易显然是做不到这一点的，但他因为这首诗而更钦佩刘禹锡了。两人相互安慰，相互勉励，一时难舍难分，游遍了扬州，又沿运河北上，到了楚州（今江苏淮安）。楚州刺史郭行余是白居易的崇拜者，他极力挽留白居易、刘禹锡在楚州盘桓，三人在楚州唱酬游宴，何其快哉！白居易就此进入和刘禹锡频繁唱和的阶段，史称"刘白"。此后他与刘禹锡的友情甚至超过了他和元稹。

时间一晃到了冬天，在这期间，京城发生了两件事情。第一件就是宫廷政变。唐敬宗在游猎时被近幸宦官刘克明等人所弑！刘克明弑君之后，一不做二不休，还企图拥立唐宪宗之子绛王李悟即位，以此染指朝政。刘克明伪造了唐敬宗的遗旨，调动禁军接绛王入宫，准备在紫宸殿接见文武百官，造成新帝即位的事实。然而，神策军中尉魏从简、梁守谦以及枢密使王守澄、杨承和，宦官集团的四大头领为各自的利益，决定派仪仗卫士迎立唐穆宗之子、唐敬宗之弟江王李涵入宫即位，并出动左右神策六军及飞龙兵，攻进内苑，以弑君矫诏之罪尽诛刘克明一党，杀绛王。最后，江王登基即位，改名李昂，是为唐文宗。

第二件于白居易而言影响更大，他的弟弟白行简在京城去世。极爱写诗叙事的白居易得知弟弟去世后却没有写诗，而是开始埋头整理白行简的诗文作品。两年之后，他整理完弟弟的作品，才提笔写了一首《祭弟文》。

白行简为官的政绩，我们不得而知，他的诗歌成就，也远不如白居易，但在文学史上，他并不是无名之辈。《旧唐书》云："行简文笔有兄风，辞赋尤称精密，文士皆师法之。"可见当时文名已盛。白居易整理了他的文集，可惜没有流传下来。现在我们所能看到的，有他的七首诗、二十篇赋，两篇传奇小说《李娃传》和《三梦记》。其中《李娃传》在中国文学史上甚有影响，备受推崇，后世曾多次改编为剧本，搬上戏曲舞台。

白居易和刘禹锡得知宫廷政变的消息，立刻北上，前往洛阳。过汴州后，刘禹锡径直经洛阳往长安，白居易吩咐家人和载有太湖石、青板舫的船只先回洛阳，自己则绕道荥阳，回访少年时代生活过的东郭村。对于宫廷内的政变斗争，他仿佛比刘禹锡多了一份从容和随意。

白居易在荥阳新郑出生、长大。如今他已然五十六岁，回到故土再回顾五十年前，自然有恍如隔世之感。

> 生长在荥阳，少小辞乡曲。迢迢四十载，复向荥阳宿。去时十一二，今年五十六。追思儿戏时，宛然犹在目。旧居失处所，故里无宗族。岂唯变市朝，兼亦迁陵谷。独有溱洧水，无情依旧绿。
>
> ——《宿荥阳》

待白居易到达洛阳，已是第二年的元月。洛阳并没有出现想象中的紧张和混乱，相反，局面显得一片安静祥和。他已经得到消息，宰相裴度因为参与诛杀刘克明拥立新君有功，被加了门下侍郎、集贤殿大学士等衔，韦处厚也担任宰相，崔群也被起用为兵部尚书。这几人都是他的老友。在白居易看来，唐文宗完全不同于他荒唐无知的大哥唐敬宗，真如老友说的心怀振兴之志。

果然，唐文宗于这年二月十三日改元大和，十七日，除授白居易为秩从三品的秘书监的诏书颁下，赐紫金鱼袋。

秘书监是秘书省的长官，负责管理各种图籍、文件、档案。职事不算很复杂，但很重要，地位也很高。白居易曾在贞元十九年担任秘书省校书郎，想不到二十多年后，竟是由自己来主持秘书省的工作。有人认为这是个闲职，因为好像只负责文件处理和档案保管，但实际上秘书省事务琐碎繁多，而且往往涉及机密，不能以闲职视之。但秘书省毕竟不是核心中枢，所以白居易参与重大决策的机会不多。

白居易此次出任秘书监，得到了裴度和崔群的关照，他表面上表现得十分满意，但实际上心里还是有落差。

> 紫袍新秘监，白首旧书生。鬓雪人间寿，腰金世上荣。子孙无可念，产业不能营。酒引眼前兴，诗留身后名。闲倾三数酌，醉咏十余声。便是羲皇代，先从心太平。
>
> ——《初授秘监，并赐金紫，闲吟小酌，偶写所怀》

> 槐花雨润新秋地，桐叶风翻欲夜天。尽日后厅无一事，白头老监枕书眠。
>
> ——《秘省后厅》

白居易一直是想干实事的，想真正济世安民。他已经五十六岁，机会已经不多了，"尽日后厅无一事，白头老监枕书眠"。长安毕竟是政治中心，朝廷的大小动作都可窥一斑而见全豹。大宦官王守澄、梁守谦等还在继续祸乱朝政，朋党倾轧更加严重，河北、山东等地藩镇割据又兴。

白居易向来痛恨宦官，不过此时他已懂得避祸，他常在自己的宅院里招待老友，纵情唱和。尤其不同的是，这年白居易的姻亲杨汝士回京任职方郎中，杨嗣复也担任了户部侍郎。长庆元年那一次科考舞弊案，钱徽、李宗闵、杨汝士黯然出局，杨汝士被贬为开州开江县令，整个弘农杨氏家族一时陷入困顿，这次算是翻身了。白居易和杨家兄弟经常宴饮游乐，以诗唱和。

> 纱巾角枕病眠翁，忙少闲多谁与同。但有双松当砌下，更无一事到心中。金章紫绶堪如梦，皂盖朱轮别似空。暑月贫家何所有，客来唯赠北窗风。
>
> ——《新昌闲居，招杨郎中兄弟》

> 业重关西继大名，恩深阙下遂高情。祥鳣降伴趋庭鲤，贺燕飞和出谷莺。范蠡舟中无子弟，疏家席上欠门生。可怜玉树连桃李，从古无如此会荣。
>
> ——《和杨郎中贺杨仆射致仕后杨侍郎门生合宴席上作》

优厚的俸禄，轻闲的工作，一座安静的院落，有书有茶，有竹有松，优哉游哉，不问世事，白居易有时候感觉这样的日子倒是像极了竹林七贤的生活。

> 放杯书案上，枕臂火炉前。老爱寻思事，慵多取次眠。妻教卸乌帽，婢与展青毡。便是屏风样，何劳画古贤？
>
> ——《偶眠》

晨起秋斋冷，萧条称病容。清风两窗竹，白露一庭松。阮籍谋身拙，嵇康向事慵。生涯别有处，浩气在心胸。

——《秋斋》

白居易在秘书省消磨时日有半年多，终于接到了一项特殊的任务，可以一展胸中浩气。十月份是唐文宗的诞辰，朝廷将在麟德殿举办一次"三教论衡"大会，邀请儒、佛、道三教的领袖人物共聚一堂，分别讲论各自教义，并互相辩难。白居易作为儒家代表，参加讲论。

九月上诞节，召居易与僧惟澄、道士赵常盈对御讲论于麟德殿。居易论难锋起，辞辨泉注，上疑宿构，深嗟挹之。

——《旧唐书》（节选）

在讲论场上，白居易与佛、道两方相互"问""难"对答，他辩词泉涌，对答如流，以致唐文宗怀疑他预先已经构思好怎样作答。在发言中，白居易提出了三教殊途同归的论断："夫儒门、释教，虽名数则有异同，约义立宗，彼此亦无差别。所谓同出而异名，殊途而同归者也。"

这个论断，表明白居易对儒、释、道兼收并蓄的态度。事实上，他对佛、道也的确颇有研究，在他的生活里，尊儒、学道、参佛往往是兼容的。

另外，白居易也深知，这一大会的目的仅在营造盛典气氛，庆贺唐文宗的诞辰，并非有意要在三教之中分出高下。而且唐朝本来就是三教并重，他如此主张，取悦了众人，也取悦了皇帝，可谓皆大欢喜。

意兴阑珊归洛阳

  大和元年（827 年）十二月，白居易接到了一项特殊的任务。但话要从宝历二年说起，也就是白居易还在苏州的时候，当时的横海节度使（驻地在今河北沧州）李全略去世，其子李同捷自称留后，企图迫使朝廷承认其为节度使。当时唐敬宗一心贪图玩乐，不理政事，事情就耽搁下来。如今唐文宗即位，他和群臣想了一个方法，将李同捷调离沧州，让他去担任兖海节度使。这是一个不错的妥协方案。然而，李同捷并不接受这一方案，他借口将士挽留，拒不赴任，企图强行维持割据事实。

  八月，唐文宗下诏削夺李同捷官爵，命天平节度使乌重胤为横海节度使，联合武宁节度使王智兴还有其他几个节度使各以本部兵马征讨李同捷。但就在大军节节取胜的时候，年事已高的乌重胤突然在军中病逝。一时各路兵马顿失核心统帅，其他节度使不愿继续出力，战局陷入僵持。

  此时，唐文宗派出工部尚书张正甫、秘书监白居易为敕使，赴前线观视战况，并在诸将之中考察、选拔一名统帅，以接替乌重胤的位置。唐文宗选择白居易来完成这一任务是因为武宁节度使王智兴是徐州李洧亲兵，曾和李洧、白居易的父亲白季庚一起保下了徐州，白居易少年时代就与他相识，有些老交情。后来张正甫、白居易来到洛阳，听取了王智兴等前线诸将汇报战况，并采纳了王智兴的意见，在上报朝廷后，选择了资历最深、出身最好、实力最强的李寰为横海节度使，节制各路兵马进讨李同捷。说白了就是各节度使趁机划分地盘。王智兴鉴于自身实力，主动退让。最终朝廷打赢了这场仗，后来王智兴亦因此得授同平章事之职，成为宰相。而白居易也得到了皇帝的信任。

由此看来，白居易的政治能量也不容小觑。

次年二月，白居易被任命为刑部侍郎。一般来说，刑部尚书主管刑部，但在当时，六部尚书均已成为宰相的加官，因此六部侍郎事实上就是各部的最高长官。白居易任刑部侍郎，实际上是刑部的一把手，他离登上巅峰成为宰相也就一步之遥。

此时的刑部相对其他部而言较有实力，工部是清水衙门，本身没有多大实力。官员任免职能由中书门下及地方节度使行使，吏部被架空；财税职能实际由盐铁使、转运使行使，户部也成了空架子；神策军和宦官专属的一系列衙署也早已掌控了兵部的大部分职能，而刑部除了审理诏狱等重大案件的权力被三司使所夺外，大部分职能仍然保留着。

若是白居易还年轻，一定会大干一番的。他早在考制举时，就在自己写的《策林》中对刑法有过专门的论述，主张肉刑可废不可用，刑与礼要迭相为用，要理大弊，赦小过。他在任左拾遗期间，曾进呈《闵乡县禁囚状》，请求放免贫穷禁囚，消除"冤滞"。他写的《秦中吟·歌舞》一诗，就以"秋官（代指刑部）为主人，廷尉居上头。日中为乐饮，夜半不能休。岂知阌乡狱，中有冻死囚"，批判刑部高官整日整夜寻欢作乐，毫不关心阌乡监狱中有冻死的囚犯。如今自己在刑部当政，他可以革除那些自己看不惯的弊政，他也这么劝勉自己。

> 稀稀疏疏绕篱竹，窄窄狭狭向阳屋。屋中有一曝背翁，委置形骸如土木。日暮半炉麸炭火，夜深一醆纱笼烛。不知有益及民无，二十年来食官禄。就暖移盘檐下食，防寒拥被帷中宿。秋官月俸八九万，岂徒遣尔身温足。勤操丹笔念黄沙，莫使饥寒囚滞狱。
>
> ——《和自劝二首》其一

白居易认为自己身为朝廷官员，不能只食官禄，只顾自己，不惠及民生，既为刑部长官，就要勤政恤民，不让狱中冻死囚犯的情况再发生。

但事实是，这时他的身体很差，已没有了年轻时的政治热情。他任刑部侍郎后没什么政绩，却为两只华亭鹤耗费了不少精力。

当初他从苏州回洛阳，曾带回来两只华亭鹤，还曾喜滋滋地在诗中说"鹤与琴书共一船"。他在扬州遇见刘禹锡时，刘禹锡也对两只鹤赞誉有加，后来刘禹锡去洛阳，还曾去他的履道宅看这两只鹤。他与元稹、刘禹锡的唱和诗中，多次提到这两只鹤。这引起了宰相裴度的注意。裴度在洛阳有一座大园子，特意写诗向白居易讨要这两只鹤。

> 闻君有双鹤，羁旅洛城东。未放归仙去，何如乞老翁。且将临野水，莫闭在樊笼。好是长鸣处，西园白露中。
>
> ——《白二十二侍郎有双鹤留在洛下予西园多

野水长松可以栖息遂以诗请之》

　　裴度把自家园林和白居易在洛阳的宅院对比，称他的园子里有
"野水""白露""长松"，称白居易的宅院为樊笼。白居易自然不
满，也不愿将自己的心头好送给裴度。这鹤是华亭鹤，非常名贵的
品种。他也写了一首诗回复裴度。

　　　　警露声音好，冲天相貌殊。终宜向辽廓，不称在泥涂。白
　　首劳为伴，朱门幸见呼。不知疏野性，解爱凤池无？
　　　　　　　　　　　　　　　　　　　　——《答裴相公乞鹤》

　　"警露"代指鹤。"朱门"本来代指权贵们的豪宅，自从杜甫写
过"朱门酒肉臭"，"朱门"两个字就暗含贬义，而"凤池"原本是
中书省的代指，白居易在这里一语双关，暗讽裴度那个有"野水"
"长松"的充满田园风光的园子根本就是权势的中心，而清高又有野
性的仙鹤不知道能不能习惯裴度的豪华园圃。
　　两人互不相让，还是刘禹锡出来打了圆场，说反正白居易安居
长安，又没在洛阳，无法与鹤为伴，还不如让给裴度，把华亭鹤送
往洛阳。白居易视刘禹锡为偶像来崇拜，他说的话再加上裴度的权
势，都让白居易不得不割爱。在白居易将鹤送给裴度时，他还专门
为两只华亭鹤写诗赠别。

　　　　司空爱尔尔须知，不信听吟送鹤诗。羽翮势高宁惜别，稻
　　梁恩厚莫愁饥。夜栖少共鸡争树，晓浴先饶凤占池。稳上青云
　　勿回顾，的应胜在白家时。
　　　　　　　　　　　　　　　　　　——《送鹤与裴相临别赠诗》

白居易对双鹤是真心喜爱，他还在赠别诗中殷殷叮嘱两位鹤友，过好自己的日子，莫与其他鸟类相争，也不要再思念旧主，因为裴度的园子有更为丰美的食物和更为开阔的环境。看白居易情绪低落，刘禹锡又写诗安慰他，双鹤已经找到最佳归宿。但据说，不知道是怎样一番安排，这两只鹤后来又回到了白居易身边。

此时的白居易真的进入了老年状态，他羡慕刘禹锡，永远那么有动力有精神处理政务。

> 吟君昨日早朝诗，金御炉前唤仗时。烟吐白龙头宛转，扇开青雉尾参差。暂留春殿多称屈，合入纶闱即可知。从此摩霄去非晚，鬓边未有一茎丝。
>
> ——《和集贤刘学士早朝作》

> 落花如雪鬓如霜，醉把花看益自伤。少日为名多检束，长年无兴可颠狂。四时轮转春常少，百刻支分夜苦长。何事同生壬子岁，老于崔相及刘郎。
>
> ——《花前有感，兼呈崔相公、刘郎中》

他更羡慕刘禹锡经历了那么多年的波折，如今重上朝堂，头上没有一根白头发。面对同龄的刘禹锡和崔群，白居易时常为自己的衰老自卑。

同年十二月末，白居易就再度申请百日长假，按照唐朝规定，等假满，他这刑部侍郎的官职也就自动免除了。曾经为不能穿绯服而耿耿于怀的白居易，反而对穿紫袍的待遇选择退避三舍了，甚至放弃了攀登权力的顶峰，简直变了一个人。原因何在呢？

急景凋年急于水，念此揽衣中夜起。门无宿客共谁言，暖酒挑灯对妻子。身饮数杯妻一盏，余酌分张与儿女。微酣静坐未能眠，风霰萧萧打窗纸。自问有何才与术，入为丞郎出刺史。争知寿命短复长，岂得营营心不止。请看韦孔与钱崔，半月之间四人死。

——《和自劝二首》其二

冬旦寒惨澹，云日无晶辉。当此岁暮感，见君晨兴诗。君诗亦多苦，苦在兄远离。我苦不在远，缠绵肝与脾。西院病孀妇，后床孤侄儿。黄昏一恸后，夜半十起时。病眼两行血，衰鬓万茎丝。咽绝五脏脉，消渗百骸脂。双目失一目，四肢断两肢。不如溘然尽，安用半活为。

——《和晨兴因报问龟儿》（节选）

从这两首诗中可知，白居易请长假有两个原因，一是几位同僚和朋友溘然去世，消解了他积极仕进的意志，"请看韦孔与钱崔，半月之间四人死"。韦处厚、孔戢、钱徽、崔植四人，在半月之内相继去世。他们都是白居易的同僚、挚友，前一阵子，还一起饮酒、赏花、游园、和诗，就这样骤然离世。而他的弟弟白行简也正值去世两周年。这两年，他心中的伤痛没有随着时间的流逝减轻，反而越来越重。他在《祭弟文》中写道："今年春除刑部侍郎，孤苦零丁，又加衰疾，殆无生意，岂有宦情。"他连生存下去的意念都快要丧失了，就更别提做官了。他的消极，自然跟几位挚友去世有关，另外从功利角度来看，这几位挚友也是白居易在朝局政争中站稳脚跟的靠山，他们的离世，使他在朝中如无根之木。二是他多种疾病缠身，健康状况不容乐观。"咽绝五脏脉，消渗百骸脂。双目失一目，四肢断两肢。"他甚至自认为要和去世的弟弟在黄泉相见了。但这一年，他先是编了《白氏长庆集》的续编五卷，又续编了与元稹的唱和集《因继集》两卷，还最终将弟弟的文集编写整理完成，命名为《白郎中集》，还和元稹唱和多首诗文。

另外还有一个他不想提及的原因。唐文宗重用李宗闵，而白居易妻族的杨嗣复、杨虞卿、杨汉公等人，也都和李宗闵走得很近，一时炙手可热，甚至杨氏家族在长安靖恭里的宅第被人们称为"行中书省"。而白居易看着杨家大有鲜花着锦、烈火烹油之势，心存警戒。他一直避免介入党争，而眼看朋党之争越来越烈，他能想到的办法就是离开长安这个是非之地。

离开之前，白居易完成了一件事，将《刘白唱和集解》两卷编成。他在序中写道："彭城刘梦得，诗豪者也。其锋森然，少敢当者，予不量力，往往犯之。夫合应者声同，交争者力敌。一往一复，欲罢不能。……大和三年春以前，纸墨所存者，凡一百三十八首。其余乘兴仗醉，率然口号者，不在此数。因命小侄龟儿编录，勒成两卷。仍写二本，一付龟儿，一付梦得小儿仑郎……"白居易十分注意编录保存自己的作品。他曾说，他与元稹是诗敌，遇到元稹是"不幸"，而遇到刘禹锡，又是一重"不幸"。他在文中呼道："梦得梦得，文之神妙，莫先于诗。"言语之间，他对刘禹锡近乎崇拜。

大和三年（829 年）三月下旬，白居易百日假满，照例免去刑部侍郎，诏授太子宾客，分司东都。裴度、刘禹锡、张籍为他置酒送行，宴席之上，难免互相唱和，于是有了《宴兴化池亭送白二十二东归联句》。

东洛言归去，西园告别来。白头青眼客，池上手中杯。（裴度）
离瑟殷勤奏，仙舟委曲回。征轮今欲动，宾阁为谁开。（刘禹锡）

坐弄琉璃水，行登绿缛堆。花低妆照影，萍散酒吹醅。（白居易）

岸荫新抽竹，亭香欲变梅。随游多笑傲，遇胜且裴回。（张籍）

澄澈连天境，潺湲出地雷。林塘难共赏，鞍马莫相催。（裴度）

信及鱼还乐，机忘鸟不猜。晚晴槐起露，新雨石添苔。（刘禹锡）

拟作云泥别，尤思顷刻陪。歌停珠贯断，饮罢玉峰颓。（白居易）

虽有逍遥志，其如磊落才。会当重入用，此去肯悠哉。（张籍）

四月初，白居易告别长安，前往洛阳。

灞浐风烟函谷路，曾经几度别长安。昔时龊促为迁客，今日从容自去官。优诏幸分四皓秩，祖筵惭继二疏欢。尘缨世网重重缚，回顾方知出得难。

——《长乐亭留别》

这次离开长安，白居易无限感慨，当初被贬江州，愁绪满怀，而今从容离开。世网重重，有功名利禄，有上下争斗，有巴结逢迎，然而人人皆往网中钻。以前他只知道在世网中钻营的难处，如今他走过大半生，才知要看得破、走得开，才是最难的。这一走，他再没回过长安。

白居易一回到洛阳，身心就彻底放松下来，抛却了长安的权力纷争，他就像是饥渴的大鱼终于游进了江河，找到了最终归宿一般，日子立刻就逍遥起来了。

南省去拂衣，东都来掩扉。病将老齐至，心与身同归。白首外缘少，红尘前事非。怀哉紫芝叟，千载心相依。

————《授太子宾客归洛》

驿吏引藤舆，家童开竹扉。往时多暂住，今日是长归。眼下有衣食，耳边无是非。不论贫与富，饮水亦应肥。

————《归履道宅》

这时候，白居易虽有官职，但他实际上过的是隐士般的生活，他的中隐思想也是于此时形成的。

大隐住朝市，小隐入丘樊。丘樊太冷落，朝市太嚣喧。不如作中隐，隐在留司官。似出复似处，非忙亦非闲。不劳心与力，又免饥与寒。终岁无公事，随月有俸钱。君若好登临，城南有秋山。君若爱游荡，城东有春园。君若欲一醉，时出赴宾筵。洛中多君子，可以恣欢言。君若欲高卧，但自深掩关。亦无车马客，造次到门前。人生处一世，其道难两全。贱即苦冻馁，贵则多忧患。唯此中隐士，致身吉且安。穷通与丰约，正在四者间。

————《中隐》

中隐正是他最理想的生活，大隐和小隐都有缺憾，中隐最好，因为隐匿于闲官，既脱离了政治纷争，又有俸禄保障衣食无忧。而洛阳是中隐的好地方，有山水，有好酒，有好友，可时时宴饮，想安静，可以闭门谢客。人生总是鱼与熊掌难以兼得，活在底层，有冻馁之患，活在上层，过着豪奢的生活，又时时担心富贵一朝随风去，而活在中间，既富足又平安，这才是最舒心的生活。

哪怕此时离白居易被贬江州已经过去了很久，但他始终对官场斗争心有余悸。当初他写了大量的新乐府诗，嘲讽达官贵人，虽然他知道会被人所不喜，但他没想到那些达官贵人会如此卑鄙，不惜罗织罪名构陷他。再加上他为官多年，看他的好友无一不是因党争起起落落，他厌恶党争，所以坚决离开长安，哪怕离宰相之位已只有一步之遥。

白居易提出中隐，这不过是他想到的在恶劣复杂的政治斗争中保全自己的方式，这与他的"三适"价值观相吻合。他因而能逍遥自在地优游洛下。

第八章

昔为意气郎，今作寂寥翁

在离宰相之位仅一步之遥的时候，白居易辞官回到了心心念念的洛阳老家。他在这里修葺宅院，与友人饮酒赏园。然而平静的日子没过多久，牛李党争的战火还是蔓延到了他的身上。大和四年，白居易正式就任河南尹。就任河南尹期间，白居易的儿子、好友元稹相继过世，对他造成了沉痛的打击。此时的他已年迈，又有了辞官的打算。

酒意诗情谁与共

　　白居易对洛阳有着特殊的归属感。当初家中生计窘迫，他和母亲曾经从符离移家洛阳。而洛阳离他的老家符离也不远，所以他第一次以太子左庶子分司东都时，就花大力气在洛阳营建新居，有意定居洛阳。然而白居易仕途屡次变迁，多次经过洛阳，都只是短期地逗留，即使是第一次分司东都，营建了新居，也只待了几个月的时间，而这一次，白居易是打定主意长住了。

　　既然决定长住，白居易便开始打理自己的园子。他的园子占地十七亩，有屋有亭有湖有竹。当初他买下这座宅院时，专门造了书库与琴亭，为了欣赏从杭州、苏州刺史任上带回来天竺石、华亭鹤等，他又特意在园子里修了桥，开了路，建了岛。这次他从长安回来，带回千斛粟、一车书，还有几十名乐童歌伎。颍川的陈孝山给了他一个酿酒的方子，崔玄亮几年前就赠了他一把琴，蜀客姜发赠他一首《秋思》，弘农杨贞赠给他三块青石，如此，酒、琴、诗、石都全了。他漫步在自己的园子里，看着各色景物，得意地说："凡三任所得，四人所与，泊吾不才身，今率为池中物矣。"对自己的宅子、闲适的生活他感到满足而惬意。

> 十亩之宅，五亩之园。有水一池，有竹千竿。勿谓土狭，勿谓地偏。足以容膝，足以息肩。有堂有庭，有桥有船。有书有酒，有歌有弦。有叟在中，白须飘然。识分知足，外无求焉。如鸟择木，姑务巢安。如龟居坎，不知海宽。灵鹤怪石，紫菱白莲。皆吾所好，尽在吾前。时饮一杯，或吟一篇。妻孥熙熙，鸡犬闲闲。优哉游哉，吾将终老乎其间。
>
> ——《池上篇》

白居易在这首诗的序中，把自己的生活写得更有诗意："每至池风春，池月秋，水香莲开之旦，露清鹤唳之夕，拂杨石，举陈酒，援崔琴，弹姜《秋思》，颓然自适，不知其他。酒酣琴罢，又命乐童登中岛亭，合奏《霓裳散序》，声随风飘，或凝或散，悠扬于竹烟波月之际者久之。曲未竟，而乐天陶然已醉，睡于石上矣。"

白居易在洛阳的朋友不少，东都分司的最高行政长官——东都留守令狐楚，就是白居易多年的老上级；同为太子宾客分司的皇甫镛，也是他多年的诗友；太子右庶子分司苏弘、河南少尹尉迟汾等，也和白居易交情不错。老友崔玄亮这年以秘书少监改果州刺史，他辞官不就也来到洛阳。平日里，白居易就与众友人游山玩水，饮酒赏园，互相唱酬。

而令狐楚在赴白居易的宴会时，带来了一位特殊的客人——李商隐。白居易很欣赏李商隐的才华，也喜欢李商隐的诗，多次宴饮中都请他参加，李商隐也视白居易为偶像，另外也暗藏了一份小小的私心，希望白居易能向各位官场中人举荐他，可惜白居易早已不问官场中事，并没有帮李商隐什么忙。

这年秋冬，朝局又发生了微妙的变动。杨汝士任知制诰，离中书舍人也只有一步之遥；杨嗣复任左司郎中。左司郎中，为从五品，官阶不算很高，然而协掌尚书都省事务，监管吏、户、礼部诸司政务，位在诸司郎中上。

唐文宗虽然重用牛党，但对这种一边独大的现象并不满意。于是，唐文宗决定起用李德裕及李党要员进入朝廷，以牵制牛党的势力。他几经考虑，选定了李德裕的重要盟友——元稹，将他调回长安。白居易在得知元稹返回长安要路经洛阳之后，亲自酿了黄醅酒，打算与元稹好好畅饮一番。

　　爱向卯时谋洽乐，亦曾酉日放粗狂。醉来枕麹贫如富，身后堆金有若亡。元九计程殊未到，瓮头一醆共谁尝？
　　　　　　　　　　　　——《尝黄醅新酎忆微之》（节选）

白居易望眼欲穿，元稹终于到达洛阳。两人多年之后再次重逢，自然喜出望外。但白居易很快察觉到，元稹对仕途仍有很强的企图心，甚至对未来抱有很大期望。他不便劝说，毕竟"道不同"。

他在长安时，曾频繁与元稹唱和，一年有几十首。而且他们相交二十多年，相聚次数并不多，每次相聚两人都有说不完的话、联不完的韵，动不动就联百句以上，但这次两人饮酒之余都有些默然。然而两人始终不忍分离，恰巧两人都有大喜事，白居易生了儿子阿崔，元稹生了儿子道保。两人都万分欣喜，尤其是白居易，他为没有儿子苦恼已久，还曾向刘禹锡抱怨过，刘禹锡还以"雪里高山头白早，海中仙果子生迟"的金句相慰。

元稹在洛阳住了好久，才赶赴长安。临别之前，他写诗给白居易，担心这是两人最后一次见面，没想到一语成谶。

君应怪我留连久，我欲与君辞别难。白头徒侣渐稀少，明日恐君无此欢。自识君来三度别，这回白尽老髭须。恋君不去君须会，知得后回相见无？

——《过东都别乐天二首》

白居易其实并不看好此时的政治环境，也不看好元稹的仕途。不过在酬元稹的诗里，他依然乐观地祝他在长安大展宏图。

沣头峡口钱唐岸，三别都经二十年。且喜筋骸俱健在，勿嫌须鬓各皤然。君归北阙朝天帝，我住东京作地仙。博望自来非弃置，承明重入莫拘牵。醉收杯杓停灯语，寒展衾裯对枕眠。犹被分司官系绊，送君不得过甘泉。

——《酬别微之（临都驿醉后作）》

元稹到了长安，除授尚书左丞。这个职位虽然很好，是尚书省的实际负责人，也是唐人心目中的"美官"，但与元稹的期望相差甚远。然而，这个位子他也还没坐热，就又被逐出京师。这对元稹来说，简直是一种羞辱，他大受打击。

而白居易已经不再过问政事，继续在洛阳过着逗弄儿子的平静日子。

腻剃新胎发，香绷小绣襦。玉芽开手爪，酥颗点肌肤。弓冶将传汝，琴书勿坠吾。未能知寿夭，何暇虑贤愚。乳气初离壳，啼声渐变雏。何时能反哺，供养白头乌。

——《阿崔》（节选）

诗歌一字一句，写尽了老而为父的喜悦和对初生小儿的无限关爱，还戏称不知道儿子什么时候才能长大，供养老父亲。

大和四年（830 年）春，因为儿子的关系，白居易看花游春的兴致格外高。

何处春先到，桥东水北亭。冻花开未得，冷酒酌难醒。就日移轻榻，遮风展小屏。不劳人劝醉，莺语渐丁宁。

——《何处春先到》

花寒懒发鸟慵啼，信马闲行到日西。何处未春先有思？柳条无力魏王堤。

——《魏王堤》

名胜龙门是白居易经常往游的好去处。龙门东山的香山寺，地方清幽，白居易极为喜欢，常常乘着肩舆入山，穿白衣曳长杖，徘徊寺中。

这年秋天，白居易邀请于贞元十六年登进士第的三位同年王鉴、李六、郑俞，同游龙门，感而赋诗。

一曲悲歌酒一樽，同年零落几人存。世如阅水应堪叹，名是浮云岂足论。各从禄仕休明代，共感平生知己恩。今日与君重上处，龙门不是旧龙门。

——《同王十七庶子李六员外郑二侍御同年四人游龙门有感而作》

贞元十六年到现在，已经过去三十年了。宦海浮沉，人事沧桑，同榜登第的十几人，所存无几。当初他们都一样意气风发，然而各自奋斗了三十年之后，王鉴、李六几乎是半隐居状态，要么没有官职，要么担任地位低微、俸禄微薄的闲职，郑俞也只是一个七品县令。如今他们蓦然回首，龙门自然早已不是旧日的龙门了。

这年秋天，睦州布衣诗人徐凝，北游洛阳，慕名访白居易。徐凝没有功名，但却因一首《忆扬州》名扬天下："萧娘脸下难胜泪，桃叶眉头易觉愁。天下三分明月夜，二分无赖是扬州。"据传，白居易因为徐凝甚至得罪了杜牧。

当年白居易任杭州刺史，无意间看见徐凝在开元寺题写的一首咏牡丹诗，很是喜欢，从此便与徐凝结为好友。后来徐凝和张祜一同求白居易举荐，白居易当时只有一个名额，便捧了徐凝弃了张祜。恰好这张祜是杜牧的好友，杜牧甚至专门在七言诗《登池州九峰楼寄张祜》中暗讽白居易"睫在眼前长不见"，分不清好赖。

不管传闻真假，白居易对徐凝是真的十分爱惜与看重的。

> 风飘雨洒帘帷故，竹映松遮灯火深。宿客不来嫌冷落，一樽酒对一张琴。
>
> ——《期宿客不至》

白居易期待的"宿客"，即是徐凝。徐凝随即和了一首诗，表示自己因诗不至。

> 蟾蜍有色门应锁，街鼓无声夜自深。料得自家诗思苦，一篇诗了一弹琴。
>
> ——《和侍郎邀宿不至》

徐凝这次访白居易，还留下了《和夜题玉泉寺》《和秋游洛阳》《侍郎宅泛池》《自鄂渚至河南将归江外留辞侍郎》等诗作。他与元稹交情也不错，在离开洛阳时，白居易为他送行，徐凝又写诗表达自己的心声。

一生所遇唯元白，天下无人重布衣，欲别朱门泪先尽，白头游子白身归。

——《自鄂渚至河南将归江外留辞侍郎》

徐凝辞别白居易后，仍回其乡里睦州，做他的平民。但白居易不曾忘记这位一生都不顺遂的诗友。几年之后，白居易还试图通过睦州刺史李善白，给予徐凝一些关照。

徐凝有才，但始终无法进入仕途，这让白居易特别惋惜，也让他心中有几分酸楚。他知道天下有许多徐凝这样的人，有许多境遇还不如徐凝的人。对于天下百姓生活的艰辛，他很清楚，可他没有解决之道。

莫作农夫去，君应见自愁。迎春犁瘦地，趁晚喂羸牛。数被官加税，稀逢岁有秋。不如来饮酒，酒伴醉悠悠。

莫作商人去，恓惶君未谙。雪霜行塞北，风水宿江南。藏镪百千万，沉舟十二三。不如来饮酒，仰面醉酣酣。

莫事长征去，辛勤难具论。何曾画麟阁，只是老辕门。虮虱衣中物，刀枪面上痕。不如来饮酒，合眼醉昏昏。

莫学长生去，仙方误杀君。那将蕣上露，拟待鹤边云。矻矻皆烧药，累累尽作坟。不如来饮酒，闲坐醉醺醺。

——《不如来饮酒七首》（节选）

既然什么问题都解决不了，白居易就选择什么都不去想，一醉了之。更加上老友皇甫湜和张籍去世，更让他感到人生悲凉，欢时无多。

然而平静的日子没过多久，大和四年十二月，东都留守崔洪礼病逝，牛僧孺等提议以河南尹韦弘景为东都留守，以太子宾客白居易为河南尹。韦弘景、白居易一向官声甚佳，因而这一提议很快就得到了唐文宗的认可，十二月二十八日，诏书下达，白居易正式就任河南尹（从三品）。

在河南尹任上，白居易也勉励自己认真投入工作，虽然常常力不从心，但他惦念农民生活辛苦，会亲自出城视察庄稼。

老尹醉醺醺，来随年少群。不忧头似雪，但喜稼如云。岁望千箱积，秋怜五谷分。何人知帝力，尧舜正为君。

——《与诸公同出城观稼》

他被迫处理一件件政务的时候，心里那"兼济天下"的抱负又渐渐苏醒。

水波文袄造新成，绫软绵匀温复轻。晨兴好拥向阳坐，晚出宜披踏雪行。鹤氅毳疏无实事，木棉花冷得虚名。宴安往往叹侵夜，卧稳昏昏睡到明。百姓多寒无可救，一身独暖亦何情！心中为念农桑苦，耳里如闻饥冻声。争得大裘长万丈，与君都盖洛阳城！

——《新制绫袄成感而有咏》

"争得大裘长万丈,与君都盖洛阳城"与他任杭州刺史时,曾写的"此裘非缯亦非纩,裁以法度絮以仁。刀尺钝拙制未毕,毕亦不独裹一身。若令在郡得五考,与君展覆杭州人",有异曲同工之妙。白居易的难能可贵在于,他对百姓的那份悲悯之情没有随着他官位的升高、应酬的增多、周围政治环境的恶劣而消失。

　　可是老天并未因白居易的悲悯之心而优待他,他当上河南尹没过多久,儿子阿崔夭折。这让白居易痛不欲生。

　　　　掌珠一颗儿三岁,鬓雪千茎父六旬。岂料汝先为异物,常忧吾不见成人。悲肠自断非因剑,啼眼加昏不是尘。怀抱又空天默默,依前重作邓攸身。

　　　　　　　　　　　　　　　　　　　　——《哭崔儿》

　　　　书报微之晦叔知,欲题崔字泪先垂。世间此恨偏敦我,天下何人不哭儿。蝉老悲鸣抛蜕后,龙眠惊觉失珠时。文章十帙官三品,身后传谁庇荫谁?

　　　　　　　　　　　　　　　　——《初丧崔儿报微之晦叔》

　　他含泪给元稹和崔玄亮报丧,可过了几个月,元稹也猝然去世。这给了白居易巨大的打击。

相逢何处不相依

大和五年（831 年）七月二十三日，元稹在鄂州暴病而卒，八月灵柩运回洛阳，白居易亲至元宅吊唁，写下这三首诗。

八月凉风吹白幕，寝门廊下哭微之。妻孥朋友来相吊，唯道皇天无所知。

文章卓荦生无敌，风骨英灵殁有神。哭送咸阳北原上，可能随例作灰尘。

——《哭微之二首》

今生岂有相逢日，未死应无暂忘时。从此三篇收泪后，终身无复更吟诗。

——《哭微之》

白居易在《祭微之文》中写道："金石胶漆，未足为喻，死生契阔者三十载，歌诗唱和者九百章，播于人间。"两人相交近三十年，互相唱和诗歌达九百多首。元稹一直名声不佳，他在世时因为结交宦官而让士大夫侧目。他死后，新旧《唐书》中对他评价也多贬少褒。然而白居易不一样，官声好，朋友也多，在朝中也多受人尊敬，可偏偏两人是最好的朋友，就像白居易说的，两人"死生契阔"。

两人的交往，白居易在诗中都细细做了记录。

"忆在贞元岁，初登典校司。身名同日授，心事一言知。（贞元中，与微之同登科第，俱授秘书省校书郎，始相识也。）肺腑都无隔，形骸两不羁。"

两人当时年轻，职位又清闲，自然可以过潇洒又雅致的生活，赏月饮酒，抚琴读书，游春饮宴，这样的生活，大概像他们看到的月光一样，毫无瑕疵。"有月多同赏，无杯不共持。秋风拂琴匣，夜雪卷书帷。高上慈恩塔，幽寻皇子陂。唐昌玉蕊会，崇敬牡丹期。（唐昌观玉蕊，崇敬寺牡丹，花时多与微之有期。）"

两人少年轻狂，嬉笑品评周围同僚好友以及他们做的诗，有讥诮，有挖苦，有认可，有称赞，嘴上或许尖刻，心中却有真情。

"笑劝迂辛酒，闲吟短李诗。（辛大丘度，性迂嗜酒；李二十绅，形短能诗。故当时有迂辛短李之号。）儒风爱敦质，佛理尚玄师。（刘三十二敦质，雅有儒风；庾七玄师，谈佛理，有可赏者。）"

两人会在初春时节，到曲江池边摆一场欢宴，带上名伶美姬，与天地共醉春光。"树暖枝条弱，山晴彩翠奇。峰攒石绿点，柳宛曲尘丝。岸草烟铺地，园花雪压枝。早光红照耀，新溜碧逶迤。幄幕侵堤布，盘筵占地施。征伶皆绝艺，选伎悉名姬。铅粉凝春态，金钿耀水嬉。"

欢宴中，觥筹交错，欢声笑语，歌舞不断，直到太阳西下，乌帽歪戴，酩酊而归。"密坐随欢促，华樽逐胜移。香飘歌袂动，翠落

216

衫钗遗。筹插红螺碗，觥飞白玉卮。打嫌调笑易，饮讶卷波迟（抛打曲有《调笑令》，饮酒曲有《卷白波》。）残席喧哗散，归鞍酩酊骑。酡颜乌帽侧，醉袖玉鞭垂。"

元稹创作了传奇《莺莺传》，颇受这些名伶美姬的欢迎，而白居易非常喜欢讲唐传奇，也受这些伶人的喜欢。在当时，传奇通常被叫作"话"。元稹《酬翰林白学士代书一百韵》中曾写了一个自注："乐天每与予游从，无不书名屋壁。又尝于新昌宅说《一枝花》话，自寅至巳，犹未毕词也。"所谓《一枝花》话，大概就是当时长安名伎李娃的故事。白居易能讲一个故事，连讲几个时辰，可见他的功力。而白行简也曾和哥哥白居易在一起生活，并在后来写成了《李娃传》，这应该是受了元稹和白居易的影响。

当他们过了一阵子荒嬉游玩的生活，意识到虚度了光阴，立刻又一起决定参加制举，一起复习。"攻文朝矻矻，讲学夜孜孜。策目穿如札，（时与微之结集策略之目，其数至百十。）毫锋锐若锥。（时与微之各有纤锋细管笔，携以就试，相顾辄笑，目为毫锥。）"

那时候他们都年轻，以为可以凭着自己极高的才华纵横长安，以为可以凭着自己忧国忧民的赤诚之心，遇到伯乐，就能中兴大唐，以为只要心怀天下就可以无所畏惧，以为一切弊政只要皇帝一声令下就可以很快消除，他们急迫地想要消除社会上的一切不合理现象。

他们官卑职小，但他们可以靠手中的笔发声。为此他们开展了一场轰轰烈烈的新乐府运动，白居易一口气写了《新乐府》五十首，抨击权贵与宦官，而元稹也创作了一大批新乐府诗，他写的《连昌宫词》也常常被拿来和白居易的《长恨歌》相比，诗中借连昌宫遗老之口，通过开元盛世之"盛"和安史之乱后之"衰"相对比，揭露了统治者的骄奢淫逸，探索了国运衰落的缘由。这篇长诗就讽谏意义而言甚至超过《长恨歌》。他们认为唐宪宗是明君，既然是明君，他们就要大胆直言。

可两人都不是出身公卿贵族，没有丝毫政治资本以及政治影响力。他们都太年轻了，都一心想要重振大唐，都对自己的政见得不到认可、得不到推行不甘心。

也正因为两人一直还保持着这份少年意气，还保持着这份正直，即使仕途不顺、几经宦海沉浮，却始终保持着深厚真挚的友情。

> 自我从宦游，七年在长安。所得唯元君，乃知定交难。岂无山上苗，径寸无岁寒。岂无要津水，咫尺有波澜。之子异于是，久处誓不谖。无波古井水，有节秋竹竿。一为同心友，三及芳岁阑。花下鞍马游，雪中杯酒欢。衡门相逢迎，不具带与冠。春风日高睡，秋月夜深看。不为同登科，不为同署官。所合在方寸，心源无异端。
>
> ——《赠元稹》

据记载，白居易与元稹还有一段神交的佳话。说是元稹奉命去剑南东川大约半个月左右。这一天白居易、李建、白行简三人在京城同游曲江，登慈恩寺塔（大雁塔），晚上，到李建家里喝酒，喝着喝着，白居易忽然停住酒杯，若有所思，好长一会儿，说，微之到梁州（今陕西汉中）了，随后他还为此写了一首诗。

> 花时同醉破春愁，醉折花枝作酒筹。忽忆故人天际去，计程今日到梁州。
>
> ——《同李十一醉忆元九》

十多天后，梁州有使者来京城，带来了元稹的一封信，其中也有一首诗。

> 梦君同绕曲江头，也向慈恩院院游。亭吏呼人排去马，忽惊身在古梁州。
>
> ——《梁州梦》

白居易一看时间，恰好是同一天。而这首《梁州梦》下面的注脚看起来更惊人："是夜宿汉川驿，梦；与杓直（李建）、乐天（白居易）同游曲江，兼入慈恩寺诸院，倏然而寤，则递乘及阶，邮吏已传呼报晓矣。"也就是说，元稹在同一晚梦见了白居易和李建同游慈恩寺。

元和十年，元稹和白居易相继被贬，一个被贬到通州，另一个被贬到江州，命运如此相似，这让两人更相知相惜，几年之内频繁唱和，把对彼此的思念都写在诗中。

> 忆昔封书与君夜，金銮殿后欲明天。今夜封书在何处，庐山庵里晚灯前。笼鸟槛猿俱未死，人间相见是何年。
>
> ——《山中与元九书，因题书后》（白）

> 今日庐峰霞绕寺，昔时鸾殿凤回书。两封相去八年后，一种俱云五夜初。渐觉此生都是梦，不能将泪滴双鱼。
>
> ——《酬乐天书后三韵》（元）

> 良时光景长虚掷，壮岁风情已暗销。忽忆同为校书日，每年同醉是今朝。
>
> ——《三月三日怀微之》（白）

当年此日花前醉，今日花前病里销。独倚破帘闲怅望，可怜虚度好春朝。

——《酬乐天三月三日见寄》（元）

与君何日出屯蒙，鱼恋江湖鸟厌笼。分手各抛沧海畔，折腰俱老绿衫中。三年隔阔音尘断，两地飘零气味同。又被新年劝相忆，柳条黄软欲春风。

——《忆微之》（白）

鹦心明黠雀幽蒙，何事相将尽入笼。君避海鲸惊浪里，我随巴蟒瘴烟中。千山塞路音书绝，两地知春历日同。一树梅花数升酒，醉寻江岸哭东风。

——《酬乐天春寄微之》（元）

长庆年间，元稹主编了《白氏长庆集》和《元氏长庆集》，一方面是因为两人都很注重保存自己的作品，另一方面是因为两人的唱酬诗举国皆知，于是各地很多文人胡乱编写几句诗文，然后冠以两人的名字四处贩卖，令两人苦不堪言。

白居易在《刘白唱和集解》中曾写道："予顷以元微之唱和颇多，或在人口，常戏微之云：'仆与足下，二十年来为文友诗敌，幸也，亦不幸也。吟咏情性，播扬声名，其适遗形，其乐忘老，幸也；然江南士女，语才子者，多云元白，以子之故，使仆不得独步于吴越间，亦不幸也。'"

虽然白居易戏称元稹为"诗敌"，但有一点是可以肯定的，两人之间是相敬相爱、情同手足的。他们的想法相近，对于诗文的见解也如出一辙。两人是知己，白居易曾写元稹的诗百篇为屏风，放在自己的厅堂里，元稹也把白居易的诗题写在阆州西寺壁上，他们相互称许、赞赏，也相互砥砺。

两人一同熬过了贬谪时光，又先后获重用。然而一朝天子一朝臣，唐穆宗不比唐宪宗，唐宪宗赏识白居易，喜欢他的乐府诗，能从他的乐府诗中知民生疾苦。唐穆宗更喜欢元稹，仅喜欢他的文学才华，后宫的妃子们也极喜欢元稹的诗。白居易给元稹的墓志铭写道："在翰林时，穆宗前后索诗数百篇，命左右讽咏，宫中呼为'元才子'，自六宫、两都、八方至南蛮、东夷国，皆写传之，每一章一句出，无胫而走，疾于珠玉。"

此后两人宦海沉浮，元稹一心想回权力中枢，并为此不惜疏通关系，贿赂宦官，令大多数士大夫侧目；而白居易却始终避免卷入权力争斗，边妥协边抗争，不再奢求改变弊政，却也避免陷入党争。他们原来走的是同一条路，最终却走向歧途。他们两人就像一个人的两面，一面始终朝前看，始终渴望走向权力巅峰；另一面回看自己的内心，将欲望、本心、家国、死生看了个通透。

不过就算两人有政治分歧，白居易也始终认为元稹"有心在于安人活国，致君尧舜，致身伊皋"的志向没有改变，两人之间亲如手足的感情也从未有丝毫改变。白居易身体不好，只对元稹频频诉苦，唠叨如家人；而元稹会准确记得白行简的忌日，会惦念白行简的儿子，会定时给白居易发来问候和安慰；白居易在儿子夭折之后，通知的第一人是元稹；而元稹临终之时，将写墓志铭之事托付给了白居易。

呜呼微之！三界之间，谁不生死，四海之内，谁无交朋？然以我尔之身，为终天之别，既往者已矣，未死者如何？呜呼微之！六十衰翁，灰心血泪，引酒再奠，抚棺一呼。《佛经》云："凡有业结，无非因集。"与公缘会，岂是偶然？多生以来，几离几合，既有今别，宁无后期？公虽不归，我应继往，安有形去而影在，皮亡而毛存者乎？呜呼微之！言尽于此。

——《祭微之文》（节选）

呜呼微之！年过知命，不谓之夭。位兼将相，不谓之少。然未康吾民，未尽吾道。在公之心，则为不了。嗟哉惜哉，广而俗隘，时矣夫！心长而运短，命矣夫！呜呼微之，已矣夫！

——《元公墓志铭并序》（节选）

似乎文字已经无法准确表达白居易失去挚友的痛苦，毕竟那个总和他唱和的微文已经不在了。元稹去世使白居易再一次感到人生无常。

白居易为元稹写了墓志铭，元家坚持要给白居易一大笔润笔费，传说是七十万钱，白居易自然不肯要。与元家商量后，他把这笔钱捐给了洛阳的香山寺，用于修缮香山寺。之后，白居易将自己酿的酒和诗书也搬到香山寺，自此经常住在香山寺，自称"香山居士"。

长安躁动洛阳闲

大和五年十月，刘禹锡授苏州刺史。他途经洛阳时，白居易早已摆好宴席等着他。两人一起朝觞夕咏，度过了十五个昼夜。

> 仁风膏雨去随轮，胜境欢游到逐身。水驿路穿儿店月，花船棹入女湖春。宣城独咏窗中岫，柳恽单题汀上蘋。何似姑苏诗太守，吟诗相继有三人。

——《送刘郎中赴任苏州》

白居易任过苏州刺史，自然熟悉苏州的名胜——儿店和女湖。女湖，又叫女坟湖，在苏州西北。吴王阖闾曾葬女于此，以水绕坟，故名女坟湖。白居易告诉刘禹锡：苏州风景极美，你去的路上，水路必穿儿店，那里的月夜景色十分迷人；待你驶入女坟湖，定会有一片醉人的春色在迎候着你。很多名人都歌咏过苏州的名胜，而白居易甚至还将韦应物和自己的诗刻在石碑上。如今刘禹锡也去苏州，那里就有三任的诗人太守了。

刘禹锡也的确是一个踏实做事、诚心为民的好官，当时他去苏州，赶上苏州闹洪灾，他想方设法赈济灾民，使得苏州恢复了昔日的繁荣。苏州人民感激他的恩德，建了"思贤堂"，把做过苏州刺史的好官，也就是白居易提到的诗人太守——韦应物、白居易和刘禹锡都供奉在堂内，称为"三贤"。

大和五年，任刑部员外郎的舒元舆写文章向皇帝毛遂自荐，李宗闵认为他轻浮放肆不能任用，于是调他任著作郎，在东都任职。白居易素来欣赏舒元舆的诗文，等他来到洛阳，自然要招待他。

> 罗敷敛双袂，樊姬献一杯。不见舒员外，秋菊为谁开。
>
> ——《九日代罗樊二妓招舒著作》

大和六年（832 年）夏天，天气极热，大旱。白居易身体不适，又要忙一堆公务，对身挂闲职四处游玩的舒元舆很是羡慕。

> 何堪日衰病，复此时炎燠。厌对俗杯盘，倦听凡丝竹。藤床铺晚雪，角枕截寒玉。安得清瘦人，新秋夜同宿。非君固不可，何夕枉高躅？
>
> ——《苦热中寄舒员外》

> 香山石楼倚天开，翠屏壁立波环回。黄菊繁时好客到，碧云合处佳人来。（谓遣英、蔷二妓与舒君同游。）酡颜一笑夭桃绽，清吟数声寒玉哀。轩骑逶迟棹容与，留连三日不能回。白头老尹府中坐，早衙才退暮衙催。庭前阶上何所有，累囚成贯案成堆。岂无池塘长秋草，亦有丝竹生尘埃。今日清光昨夜月，竟无人来劝一杯。
>
> ——《舒员外游香山寺数日不归，兼辱尺书，
> 大夸胜事，时正值做衙虑囚之际，走笔题长句以赠之》

同年七八月间，崔群去世。他与白居易一同入翰林院，算到如今相识也有二十多年了。白居易在《祭崔相公文》写："同入翰林，因官识面，因事知心，献纳合章，对扬联襟，以忠相勉，以义相箴，朝案同食，夜床并衾，绸缪五年，情与时深。"当初白居易丁忧迟迟无法得到起复，也是崔群和钱徽帮忙，才得以重新入长安任职。现在他去世，白居易又失一挚友。他写信给刘禹锡，诉说心事，也表达自己的思念之情。

> 去年八月哭微之，今年八月哭敦诗（崔群的字为敦诗）。何堪老泪交流日，多是秋风摇落时。泣罢几回深自念，情来一倍苦相思。同年同病同心事，除却苏州更是谁。
>
> ——《寄刘苏州》

这一年白居易在河南尹任上过得还算安稳，平日里多与崔玄亮、刘禹锡唱和，可朝廷的局势却发生剧变。牛僧孺被罢相，李德裕自西川节度使变为兵部尚书，而牛党的李宗闵和杨虞卿实施各种手段阻止李德裕回长安。

这次牛僧孺被罢相，真的是犯下了大错。李德裕被排挤到西川任节度使时，处境的确非常不利，因为西川处于和吐蕃交战的前线，军事形势非常严峻，但他在西川励精图治、整兵备战，始终没有让牛党再抓到什么把柄。大和五年九月，吐蕃发生内乱，其维州副使悉怛谋率众入西川境内请降。因事关重大，李德裕向朝廷上奏，请求接纳悉怛谋归降，并增调兵力接管维州，进而深入吐蕃取其要地，从根本上打击其实力。

而时任宰相的牛僧孺却坚决反对李德裕的主张，其理由一是唐和吐蕃有盟约，二是可能引起吐蕃从西北向长安发动攻击。结果朝廷采纳了牛僧孺的意见，诏李德裕将悉怛谋及其随从者一并遣返吐蕃。吐蕃人接到悉怛谋一行，立即将其全部杀死在边境上，情形极其惨烈。

大和七年（833年）初，白居易自知河南尹一职难以久继，于是再次申请百日长假，以求到期自动卸任。李德裕当然求之不得，四月底，白居易的假期一满，李德裕马上免去白居易的河南尹职务，恢复其之前所任的太子宾客分司，以散骑常侍严休复出任河南尹。

白居易对长安的斗争洞若观火，但实在帮不上杨虞卿什么忙，他唯一能做的就是在太子宾客任上过好自己的日子。

> 既资闲养疾，亦赖慵藏拙。宾友得从容，琴觞恣怡悦。乘篮城外去，系马花前歇。六游金谷春，五看龙门雪。吾若默无语，安知吾快活。吾欲更尽言，复恐人豪夺。
>
> ——《再授宾客分司》（节选）

同年七月，崔玄亮去世。消息传来，白居易当即写了《哭崔常侍晦叔》一诗：

> 顽贱一拳石，精珍百炼金。名价既相远，交分何其深。中诚一以合，外物不能侵。逶迤二十年，与世同浮沉。晚有退闲约，白首归云林。垂老忽相失，悲哉口语心。春日嵩高阳，秋夜清洛阴。丘园共谁卜？山水共谁寻？风月共谁赏？诗篇共谁吟？花开共谁看？酒熟共谁斟？惠死庄杜口，钟殁师废琴。道理使之然，从古非独今。吾道自此孤，我情安可任？唯将病眼泪，一洒秋风襟！

六个问句，字字皆泪。挚友一个个地离去，白居易的心情已经不是"悲伤"二字所能形容得了的。

> 并失鹣鸾侣，空留麋鹿身。只应嵩洛下，长作独游人。
> 长夜君先去，残年我几何。秋风满衫泪，泉下故人多。
> ——《微之敦诗晦叔相次长逝，岿然自伤，因成二绝》

元稹、崔群、崔玄亮，还有更早去世的王质夫、李建、元宗简以及弟弟白行简，白居易一次一次地送别故人，心中悲凉自不待言。不过他始终有着强大的心理调适能力，他懂得如何开解自己。

> 暂停杯箸辍吟咏，我有狂言君试听。丈夫一生有二志，兼济独善难得并。不能救疗生民病，即须先濯尘土缨。况吾头白眼已暗，终日戚促何所成。不如展眉开口笑，龙门醉卧香山行。
> ——《秋日与张宾客舒著作同游龙门醉中狂歌凡二百三十八字》（节选）

洛阳是白居易的避世桃源。但对别人来说，洛阳只是蛰伏之地，一旦有机会"一飞冲天"，他们就会迫不及待地离开洛阳。

舒元舆就抓到了机会。这年李训在洛阳丁忧，和舒元舆相谈甚欢。李训是李逢吉的侄子，其人"性俱诡激，乘险蹈利"，换言之，为人阴险狡猾，善于谋事。唐文宗一心想诛除宦官集团，牛党、李党都没明确要对抗宦官势力的决心，而善于逢迎又善于搞阴谋诡计的郑注、李训得到唐文宗的宠爱和信任，于是当李训把舒元舆推荐给唐文宗时，舒元舆很快就从著作郎擢升为尚书右司郎中兼侍御史，成为中枢重臣。

同年闰七月，舒元舆要离开洛阳，赶赴长安，太子宾客李绅任浙东观察史，也要离开洛阳。白居易写诗为二人送行。

三岁相依在洛都，游花宴月饱欢娱。惜别笙歌多怨咽，愿留轩盖少踟蹰。剑磨光彩依前出，鹏举风云逐后驱。从此求闲应不得，更能重醉白家无？

——《送舒著作重授省郎赴阙》

靖安客舍花枝下，共脱青衫典浊醪。今日洛桥还醉别，金杯翻污麒麟袍。喧阗凤驾君脂辖，酩酊离筵我藉糟。好去商山紫芝伴，珊瑚鞭动马头高。

——《醉送李二十常侍赴镇浙东》

白居易在洛阳，看着这些官员来来去去早已习惯，有遭贬谪过来的，有被擢升离开的。有不掩名利之心誓要执掌中枢的，有随遇而安听朝廷安排的，也有像他这样只想过中隐生活的。人各有志，但他以真心相交。舒元舆和李绅都是奔着光明的前途离开洛阳的，他也替朋友高兴，只是后果是他万万没有料到的。

大和八年（834年），闲居家中的白居易作了一首《北窗三友》，大概是他回到洛阳后生活的总结和他当下的心境吧。

今日北窗下，自问何所为？欣然得三友，三友者为谁。琴罢辄举酒，酒罢辄吟诗。三友递相引，循环无已时。一弹惬中心，一咏畅四肢。犹恐中有间，以酒弥缝之。岂独吾拙好，古人多若斯。嗜诗有渊明，嗜琴有启期。嗜酒有伯伦，三人皆吾师。或乏儋石储，或穿带索衣。弦歌复觞咏，乐道知所归。三师去已远，高风不可追。三友游甚熟，无日不相随。左掷白玉卮，右拂黄金徽。兴酣不叠纸，走笔操狂词。谁能持此词，为我谢亲知。纵未以为是，岂以我为非。

诗人把琴、诗、酒作为自己的三友，三者不间断地一个接一个地诱发和循环，琴和诗使身心得到了满足，而酒醉又填补了其中的空间。他举出了古人与三友交际的例子：陶渊明、荣启期、刘伯伦（刘伶），三人已逝，其高逸、脱俗自然无法追及，但是自己的确以琴、诗、酒为朋友，不可一日缺这三物。白居易自言：左手持玉酒杯，右手抚黄金造的琴徽，兴致来时，挥笔题狂诗，如果谁将这诗给亲人朋友看的话，纵然不肯定我，也不会否定我吧。

宦官势力更加猖獗了，因为就连裴度这样平定淮西的有功之臣、七朝元老也受宦官的欺凌，无法忍受，来到了洛阳，任东都留守。裴度一来洛阳，就买下集贤里的一所宅院，并开始重新规划、建造。这宅院的位置紧挨着白居易的履道里宅，所以白居易经常去他家拜访。当然，裴度选在这里，也是因为白居易这个邻居。

白居易自从退居洛阳，五年来一直津津乐道自己的宅院多么精美雅致，如今裴度的园子壮观又气派，而且就在他的宅子旁边，让他既羡又妒。他一连写了四首诗，模仿履道里园的语气同自己两问两答。

南院今秋游宴少，西坊近日往来频。假如宰相池亭好，作客何如作主人。

——《代林园戏赠》

岂独西坊来往频，偷闲处处作游人。衡门虽是栖迟地，不可终朝锁老身。

——《戏答林园》

集贤池馆从他盛，履道林亭勿自轻。往往归来嫌窄小，年年为主莫无情。

——《重戏赠》

小水低亭自可亲，大池高馆不关身。林园莫妒裴家好，憎故怜新岂是人？

——《重戏答》

白居易像个天真可爱的老顽童，在那里自问自答，自娱自乐。但他是真的喜欢裴度的园子。裴度每次举办宴席，都少不了他。有时候裴度不在家，他也常常到访，俨然是那里的第二个主人。

话又说回来，裴度的园子也的确是一流的名园，怪不得白居易羡慕流连。洛阳人评价园林，认为有六种胜境，罕有园林能够兼备："务宏大者，少幽邃；人力胜者，少苍古；多水泉者，艰眺望。兼此六者，惟湖园而已。"裴度的这座园子就是湖园的前身。

同年七月，刘禹锡自苏州刺史移任汝州刺史。汝州离洛阳非常近，他经常来洛阳，与裴度和白居易相聚。三人在一起少不了饮酒赋诗、赏花听曲，十分惬意。

而短短一年时间，朝廷又有了变化。郑注、李训二人为了打击李德裕，抛出漳王案，他们指责李德裕在浙西时暗中结交漳王李凑（唐文宗之弟），企图拥立漳王篡位。当初唐文宗是在宦官势力的拥戴下继承皇位的。因此他对这个事情特别敏感，加上漳王确实博学多才，颇有人望，唐文宗放手让李训、郑注去"调查"。结果虽不能完全坐实，但也不能排除嫌疑。于是，漳王被废，不久死去，李德裕也被贬为山南西道节度使，不久又被贬为袁州长史。

李德裕又被逐出长安的权力核心，李宗闵又被任命为宰相，杨虞卿也从常州刺史迁任工部侍郎。

第九章

终使沧浪水，濯吾缨上尘

年近七十的白居易，才得了一个外孙，这让他的失子之痛得到些许安慰。他的身体再也无法承受整日的宴饮。他放伎归家。往日一切的潇洒恣意都已变成过眼云烟。面对空荡荡在宅院，白居易辗转反侧，难以入眠。他更加思念自己的老友元稹。他的晚年基本上也是在送别老友和思念老友中度过的。会昌六年，白居易走完了他漫长和瑰丽的一生。生前他为自己写好了墓志铭。

回首功名今似梦

大和九年（835 年），白居易回了一趟老家，在下邽小住了几日，为弟弟白行简扫墓。

> 一年年觉此身衰，一日日知前事非。咏月嘲花先要减，登山临水亦宜稀。子平嫁娶贫中毕，元亮田园醉里归。为报阿连寒食下，与吾酿酒扫柴扉。
>
> ——《将归渭村先寄舍弟》

当初他和弟弟一起在老家丁忧，全家老小在村里种田。想到这些，白居易便悲伤得不能自已，返回洛阳后许久，心情才得以平复。回洛阳后，他自编了《白氏文集》六十卷，诗文共计两千九百六十四篇，藏于庐山东林寺。

他的女儿也到了出嫁的年龄。白居易认为待女儿一出嫁，自己也算完成了人生的最后一件任务。从此，他便可安心在洛阳养老。

可是朝廷频繁的人事更替还是引起了他的警惕。

四月，原本是工部侍郎的杨虞卿被任命为京兆尹；到了七月，一下子就被贬为虔州司户参军。当时京城谣传郑注为皇帝炼丹，要挖取小孩子的心肝使用。百姓大为惊恐，纷纷关起家门保护孩子。唐文宗震怒，郑注心里不安，因为他一直与杨虞卿有仇，于是就与李训约定上奏说："这个谣言是从杨虞卿家传出来的，通过京兆尹的侍从流传遍京城。"御史大夫李固言向来忌恨杨虞卿，因此附和其说。唐文宗大怒，将杨虞卿关进诏狱。李宗闵上书为杨虞卿辩解，被唐文宗贬为明州刺史。杨虞卿被贬为虔州司户参军。

同年九月，朝廷诏授白居易同州刺史。同州刺史可不简单，不是一般的刺史能比的。在唐朝中后期，已经形成了朝廷—藩镇—州府—县的四级行政管理体制。一般的州，都从属于藩镇（节度使、观察使、防御使、经略使），只有同州、华州这两个州最特殊，是直接从属于朝廷的。因为两州分别负责管辖的潼关和华山，直接关系西京长安的安全。同州刺史照例须兼任同州防御使（即潼关守将），实际上相当于一个藩镇。

与其说白居易是获朝廷诏授，不如说这是郑注和李训二人的意思。李训、郑注是聪明人，他们在打击牛李两党人士的同时，为了避免树敌过多，也注意笼络收买一些名望较高、不属于两党或对党争持消极态度的大臣。名气大、名声好、有才干、资格老的白居易，自然是李郑二人积极拉拢的对象。但白居易不喜二人，借口有病，辞不赴任。

> 同州慵不去，此意复谁知。诚爱俸钱厚，其如身力衰。可怜病判案，何似醉吟诗。劳逸悬相远，行藏决不疑。徒烦人劝谏，只合自寻思。白发来无限，青山去有期。野心惟怕闹，家

口莫愁饥。卖却新昌宅，聊充送老资。

——《诏授同州刺史病不赴任因咏所怀》

白居易宁愿卖掉长安新昌坊的房子来养老，也不去就任同州刺史。最后刘禹锡代替他接任同州刺史，同时兼御史中丞。和此时的白居易、裴度不同，刘禹锡依然壮心不已。这可能与他在唐宪宗时期遭贬谪太久，迟迟无法施展才能有关。

十月，白居易被改授太子少傅分司东都，正二品，封冯翊县侯。

承华东署三分务，履道西池七过春。歌酒优游聊卒岁，园林萧洒可终身。留侯爵秩诚虚贵，疏受生涯未苦贫。月俸百千官二品，朝廷雇我作闲人。

——《从同州刺史改授太子少傅分司》

唐文宗虽然由宦官拥立，却不满宦官专权，不甘心当宦官手中的提线木偶。而宦官王守澄和仇士良对待唐义宗也甚为不逊，毫无尊重可言。唐文宗即位这九年，一直在物色得力的臣子，然而满朝不是牛党就是李党，不但帮不了他多少，还经常需要他从中调和。唐文宗对这种状况实在不满，所以才宠信郑注和李训，认为只有这两人在积极为他"谋事"。其实郑注原本只是个诊病的大夫，平日里巧舌如簧，但并无运筹帷幄的才能；李训也只是善于搞阴谋诡计，并没有什么真正的政治才能，只会逢迎拍马。他们全凭着刁钻诡计，离间了几个不和的宦官，甚至毒杀了大宦官王守澄，就以为自己拥有非凡的本领和实力，谋划着一劳永逸地解决宦官专权的问题。

这个计划就是谋杀大宦官仇士良，而白居易在洛阳时的友人舒元舆也参与了。

十一月二十一日，唐文宗御临紫宸殿。左金吾卫大将军韩约奏称，左金吾衙门后院的石榴树上，昨晚发现有甘露降临，这是祥瑞的征兆。李训、舒元舆乘机劝唐文宗亲自前往观看。唐文宗马上下旨命文武百官们前去欣赏，这其中也包括了当时掌权的宦官。一行人到了含元殿，唐文宗先派李训前去金吾厅看看情况。李训回来禀报说甘露已经不是很明显了，建议先不要宣布。唐文宗对此事表示怀疑，便命仇士良和鱼弘志带着宦官们去看个究竟。

待他们出去后，李训马上召集人布置兵士在丹阳门外等候诏命。仇士良等人到了金吾厅后院，大将军韩约因为太过紧张露出了破绽，凑巧刮了一阵风，埋伏的兵士们暴露了。仇士良等人当机立断，带人回到含元殿，立即挟持了唐文宗。李训见状，令兵士们动手，并率人拦住唐文宗，但无奈他这一方势单力薄，最后宦官们抬着唐文宗的御驾进入了宣政门。

等到其他兵士赶来，宣政门已经紧闭。仇士良知道唐文宗也参与了这场密谋，气急败坏，马上派人包围了朝官们办公的场所。当值的宰相王涯和贾悚对密谋诛杀宦官一事毫不知情，看到有人冲杀过来，立刻夺门而逃。没能出宫的官员全部被当场斩杀，人数多达六百余人。

李训、舒元舆等人在事发后及时逃出皇宫，但仇士良马上派了千余名神策军在长安城内大肆搜捕。当时被杀的重臣有李训、舒元舆、王涯、贾悚、郑注、韩约等人，史称"甘露之变"。

甘露之变的消息传到洛阳，白居易不胜震惊。他的友人舒元舆、贾悚，他的政敌王涯均在这场事变中被杀，往日一切争名逐利之举在此时都显得多余而讽刺。

祸福茫茫不可期，大都早退似先知。当君白首同归日，是我青山独往时。顾索素琴应不暇，忆牵黄犬定难追。麒麟作脯龙为醢，何似泥中曳尾龟。

——《九年十一月二十一日感事而作（其日独游香山寺）》

"顾索素琴应不暇"指的是朝中官员们被害仓促，都来不及像嵇康那样弹一曲《广陵散》。"牵黄犬"典出《史记·李斯列传》："二世二年七月，具斯五刑，论腰斩咸阳市。斯出狱，与其中子俱执，顾谓其中子曰：'吾欲与若复牵黄犬俱出上蔡东门逐狡兔，岂可得乎。'遂父子相哭，而夷三族。"后以"牵黄犬"喻着悠闲自得的日子。他感叹朝中官员为求取功名利禄在京为官，最后招致杀身之祸，实在是不值得。

随后，他又写了《咏史（九年十一月作）》一诗。

秦磨利刀斩李斯，齐烧沸鼎烹郦其。可怜黄绮入商洛，闲卧白云歌紫芝。彼为菹醢机上尽，此为鸾皇天外飞。去者逍遥来者死，乃知祸福非天为。

"黄绮"为商山四皓中的夏黄公与绮里季的合称，唐诗文中常作为商山四皓的代称，并用作咏隐士的典故。白居易感叹追名逐利的人下场都很惨，比如李斯和郦食其，而不慕名利选择归隐的商山四皓却能逍遥而活。白居易庆幸自己及早抽身，避免了祸患。

同年冬天，白居易的小女儿出嫁，而自京兆尹冤贬、虔州司户参军的杨虞卿却去世了，一喜一悲，白居易说不上心里是什么滋味，只感觉命运无常。他和杨虞卿在他参加科举考试的时候就认识了，算到现在相识快四十年了，两人关系不只是姻亲。当初他被贬江州司马，长安百官唯有李建和杨虞卿赶来送他，二人间的情谊弥足珍贵。杨虞卿深陷党争，是牛党一员，但白居易并不惧怕李党的攻讦，写诗纪念他。

> 妻孥兄弟号一声，十二人肠一时断。往者何人送者谁，乐天哭别师皋时。平生分义向人尽，今日哀冤唯我知。……萧萧风树白杨影，苍苍露草青蒿气。更就坟边哭一声，与君此别终天地。
>
> ——《哭师皋》（节选）

开成元年（836年）七月，白居易甚为敬重的老友太子少保分司皇甫镈卒于洛阳宣教里第，享年七十七岁。白居易为他撰写了墓志铭。

> 初元和中，公始因郎官分司东洛，由是得伊嵩趣，惬吏隐心，故前后历官八九，凡二十有五年，优游洛中，无哂笑意，忘丧穷达，与道始终，澹然不动其心，以至于考终命，闻者慕之，谓为达人。

皇甫镈可谓与白居易志同道合，一直在洛阳担任闲职二十五年之久，始终过着闲云野鹤的生活，不羡谁人权倾天下，不慕别家高官厚禄。

眼看着自己的老友一个个离去，白居易心中自然凄凉无比，好在刘禹锡从同州刺史改任太子宾客分司东都，也来洛阳了，这让白居易宽慰不少。

东都留守裴度特设盛大酒宴欢迎刘禹锡。白居易最为高兴，当即作诗以表欢迎。

> 上客新从左辅回，高阳兴助洛阳才。已将四海声名去，又

占三春风景来。甲子等头怜共老，文章敌手莫相猜。邹枚未用争诗酒，且饮梁王贺喜杯。

——《喜梦得自冯翊归洛兼呈令公》

白居易称刘禹锡为文章敌手，刘禹锡也不谦让，当场作诗酬答。

新恩通籍在龙楼，分务神都近旧丘。自有园公紫芝侣，仍追少傅赤松游。华林霜叶红霞晚，伊水晴光碧玉秋。更接东山文酒会，始知江左未风流。

——《自左冯归洛下酬乐天兼呈裴令公》

洛阳晚秋，红霞霜叶，老友相聚的"文酒会"，气氛欢快。白居易和刘禹锡，都曾是裴度所看重的人才。裴度在朝时，白居易和刘禹锡多受其惠，而今人俱垂老，还能齐集洛下，实属人生幸事。

有一次，白居易在裴度的酒会上，即席作《对酒劝令公开春游宴》诗，提议裴度，在次年春天再举行一次盛大的"文酒高会"。

时泰岁丰无事日，功成名遂自由身。前头更有忘忧日，向上应无快活人。自去年来多事故，从今日去少交亲。宜须数数谋欢会，好作开成第二春。

裴度出身显赫，属河东裴氏。河东裴氏属关中郡姓，发轫于东汉，是名门望族。裴度屡建功勋于朝廷，在相位上也曾广受尊崇，无奈宦官当道、党争连绵，他这样功勋卓著的老臣居然也不断受到排挤，最后让官出朝。但裴度心胸豁达，又与白居易有着同样的志趣——得乐且乐，得游且游。他与白居易同居洛阳时，相交甚密。于是，当白居易提出办"文酒高会"时，裴度欣然同意。

光是鼓动裴度还不够，在达官贵人众多的东都，要想办成一次盛会，还得河南尹李珏牵头才行，于是白居易又致诗李珏。

> 春色有时尽，公门终日忙。两衙但不阙，一醉亦何妨。芳树花团雪，衰翁鬓扑霜。知君倚年少，未苦惜风光。

——《惜春赠李尹》

白居易提醒李府尹：你不要以为自己年轻一些，就不知珍惜这大好春光啊。希望你带带头，闹闹春，才不枉了东都一任哪。

古时有一种民俗，即在农历三月三上巳日，到水边嬉游，泛舟赏景，饮酒取乐，以驱除不祥，这叫作"祓禊"，或曰"修禊"。白居易所倡即此。

开成二年（837 年）三月初三，春光明媚，河南府尹李珏，邀请文人雅士及东都达官显贵齐集洛水，游宴赋诗。白居易最热心，在他的门婿谈弘谟的陪同下，携带五六名妖媚的家伎，最早到达聚会地点。

李府尹为祓禊请来了十几位嘉宾，分别有东都留守、中书令裴度，太子少傅白居易，太子宾客刘禹锡、肖籍、李仍叔，中书舍人郑居中，国子司业裴恽，河南府少尹李道枢，仓部郎中崔晋，司封员外郎张可绩，驾部员外郎卢言，虞部员外郎苗愔，和州刺史裴俦，淄州刺史裴洽，检校礼部员外郎杨鲁士，以及四门博士、白居易的门婿谈弘谟。

嘉宾们各自携带自家歌伎，祓禊拥着登上官船，将偌大官船装点得花团锦簇，其他修禊的游人无不艳羡。洛水两岸黎民百姓也停下春耕，来瞧热闹。

在波光粼粼的洛水之上，官船载着高官显贵和花枝招展的舞女歌伎，缓缓地逆水西行，到杨子渡，靠岸小歇，歌舞一番，复又逆水航行。

近午天，花船到达魏王渡。众人下船，走到天津桥，登临桥上，尽兴游赏洛水两岸的烂漫春光。

待嘉宾们观光完毕回到船上，早有僮仆在船上摆好酒食，欢宴即始。

裴度和众嘉宾，一边饮酒，一边唱和。白居易欣然挥毫泼墨，记录当时的盛况。

> 三月草萋萋，黄莺歇又啼。柳桥晴有絮，沙路润无泥。禊事修初毕，游人到欲齐。金钿耀桃李，丝管骇凫鹥。转岸回船尾，临流簇马蹄。闹翻扬子渡，蹋破魏王堤。妓接谢公宴，诗陪荀令题。舟同李膺泛，醴为穆生携。水引春心荡，花牵醉眼迷。尘街从鼓动，烟树任鸦栖。舞急红腰软，歌迟翠黛低。夜归何用烛，新月凤楼西。
>
> ——《三月三日祓禊洛滨》

这一天，来洛水两岸修禊的人不少，引颈观瞻的人更多，两岸排成了层层人墙。这天，嘉宾们一直宴饮到深夜，才恋恋不舍地相继傍着月色归去。正如诗中所言，夜归不用烛火，月儿已高高挂在五凤楼西边的夜空上了……

余生尽为闲日月

开成二年五月，裴度即自东都留守调任太原尹、北都留守、河东节度使，离开了洛阳。裴度离开，再难得有修禊洛滨那样场面盛大的宴游了。裴度在洛阳时，与白居易相处得十分融洽，两人感情深厚，故而裴度移官太原，白居易深感遗憾。接替裴度为东都留守的，是曾任扬州节度使的牛僧孺。

> 淮南挥手抛红旆，洛下回头向白云。政事堂中老丞相，制科场里旧将军。宫城烟月饶全占，关塞风光请半分。诗酒放狂犹得在，莫欺白叟与刘君。
>
> ——《同梦得酬牛相公初到洛中小饮见赠》

贞元二十一年，牛僧孺中进士后，搬到华阳观。当时白居易在那里准备制举考试，两人就此相识。元和三年牛僧孺制科应试时，白居易为制策考官，二人有座主门生之谊。牛僧孺和白居易关系一直很好，牛僧孺任宰相时也帮助过白居易。只不过他与刘禹锡曾有嫌隙。

原来当年牛僧孺考进士之前，曾经把文章给刘禹锡看，希望得到他的引荐。但当时刘禹锡正春风得意、年轻气盛，他把牛僧孺的文章批得一文不值。牛僧孺羞惭恼恨。后来刘禹锡好不容易熬过了贬谪时光，却又站在了李党的立场上，所以两人才有些不快。不过早在刘禹锡任如州刺史的时候，两人在扬州相遇，经过一番长谈，将心结解开。后来牛僧孺到了洛阳，两人也你来我往，互相唱和诗词。

甘露之变后，李党首领李德裕踌躇满志，但时任淮南节度使的牛僧孺却上奏折求退。他曾说："惟羡东都白居士，月明香积问禅师。"

牛僧孺在洛阳住了一年多，白居易与之颇多唱酬，私谊也得以加深。白居易甚至还写了一首诗表达对牛僧孺的思念之情。

> 一日不见如三月，一月相思如七年。似隔山河千里地，仍当风雨九秋天。明朝斋满相寻去，挈榼抱衾同醉眠。
>
> ——《长斋月满寄思黯》

开成二年，金秋及银冬，白居易家中有两桩喜事。一件是弟弟白行简之子龟郎与老友皇甫曙之女结为夫妻；另一件是嫁给谈弘谟的女儿阿罗这年十二月初一为白居易添了个外孙女，取名引珠。

> 谁能嗟叹光阴暮，岂复忧愁活计贫。忽忽不知头上事，时时犹忆眼中人。早为良友非交势，晚接嘉姻不失亲。最喜两家婚嫁毕，一时抽得尚平身。
>
> ——《闲吟赠皇甫郎中亲家翁（新与皇甫结姻）》

物以稀为贵，情因老更慈。新年逢吉日，满月乞名时。桂燎熏花果，兰汤洗玉肌。怀中有可抱，何必是男儿。

——《小岁日喜谈氏外孙女孩满月》（节选）

白居易到了晚年常生无子之叹，如今添了一个小外孙女，"怀中有可抱"，仍然也是心满意足，喜不自胜的。

开成三年（838年），白居易的从弟白敏中担任殿中侍御史分司东都，来到了洛阳，白居易自是喜笑颜开。

同年，杨嗣复和李珏被任为宰相，白居易立即作诗，寄给两人。

闲居静侣偶相招，小饮初酣琴欲调。我正风前弄秋思，君应天上听云韶。时和始见陶钧力，物遂方知盛圣朝。双凤栖梧鱼在藻，飞沉随分各逍遥。

——《梦得相过援琴命酒因弹秋思偶咏所怀兼寄继之待价二相府》

继之是杨嗣复的字，待价是李珏的字，杨嗣复是白居易的姻亲，李珏曾任河南尹，也与白居易交好。杨李二人同时拜相，这不仅对白居易来说是个好消息，对牛僧孺来说也是，因为两人都属牛党，这表明长安政局发生了明显有利于牛党的变化。牛僧孺在洛阳一改沉郁，变得异常活跃，诗酒宴游兴致大增，频频同白居易、刘禹锡来往唱酬。

何时得见十三弦，待取无云有月天。愿得金波明似镜，镜中照出月中仙。

——《戏答思黯思黯有能筝者，以此戏之》

双鬓莫欺今老矣，一杯莫笑便陶然。陈郎中处为高户，裴

243

使君前作少年。顾我独狂多自哂，与君同病最相怜。月终斋满
谁开素，须拟奇章置一筵。

——《戏赠梦得，兼呈思黯》

开成三年，白居易四处诗酒宴乐。他写了一首《醉吟先生传》，
于是"醉吟先生"的名号渐渐传播开来。

> 醉吟先生者，忘其姓字、乡里、官爵，忽忽不知吾为谁也。
> 宦游三十载，将老，退居洛下。所居有池五六亩，竹数千竿，
> 乔木数十株。台榭舟桥，具体而微，先生安焉。
>
> 家虽贫，不至寒馁；年虽老，未及耄。性嗜酒、耽琴、淫
> 诗，凡酒徒、琴侣、诗客，多与之游。
>
> 游之外，栖心释氏，通学小中大乘法，与嵩山僧如满为空
> 门友，平泉客韦楚为山水友，彭城刘梦得为诗友，安定皇甫朗
> 之为酒友。每一相见，欣然忘归。
>
> 洛城内外六七十里间，凡观寺、丘野有泉石花竹者，靡不
> 游；人家有美酒、鸣琴者，靡不过；有图书、歌舞者，靡不观。
> 自居守洛川及泊布衣家，以宴游召者，亦时时往。
>
> 每良辰美景，或雪朝月夕，好事者相过，必为之先拂酒罍，
> 次开诗箧。酒既酣，乃自援琴，操宫声，弄《秋思》一遍。若
> 兴发，命家僮调法部丝竹，合奏《霓裳羽衣》一曲。若欢甚，
> 又命小妓歌杨柳枝新词十数章。放杯自娱，酩酊而后已。
>
> ……因自吟《咏怀》诗云：抱琴荣启乐，纵酒刘伶达。放
> 眼看青山，任头生白发。不知天地内，更得几年活？从此到终
> 身，尽为闲日月。
>
> ……

白居易的这篇自传详尽地描述了自己退居洛阳十年来的生活情景，他有园子、有朋友，洛阳各地名胜都参加过，洛下达官贵人的宴饮集会也都参加过。哪里有美酒鸣琴，哪里有图书歌舞，他就去哪里。遇良辰美景，他饮酒、赋诗、抚琴、观舞、听曲，这样的生活不亦快哉，然而喧嚣热闹背后又似乎藏着一种似有若无的孤独感。白居易似乎在说服自己，眼下过得很知足。

开成四年（839年），白居易住在香山，编成文集七帙，"合六十七卷，凡三千四百八十七首"。为了使诗文集能够长久保存，永远流传，白居易曾复抄一份送藏苏州南禅院千佛堂内。白居易的文集此前于大和九年藏于庐山东林寺者，为六十卷本；开成元年夏藏于圣善寺者，为六十五卷本。三年中增加五卷，增加诗文二百三十二篇。

三月，裴度在长安去世。事实上，前一年裴度就病重，上表唐文宗请求回洛阳，然而处在宦官控制下的唐文宗对裴度分外不舍，将他留在长安任职。其时白居易得知裴度的病情后，对他的离世早有心理准备。他长住香山寺，刻意让自己看淡生死，避免过度悲伤。然而当他从香山寺下来回到自己家，路过裴度的园子，还是忍不住悲从中来，陷入了一种前所未有的孤独感。

> 梁王捐馆后，枚叟过门时。有泪人还泣，无情雪不知。台亭留尽在，宾客散何之。唯有萧条雁，时来下故池。
>
> ——《雪后过集贤裴令公旧宅有感》

十月，白居易得了风痹之疾，不过他多年参禅悟道，并没有惊慌，反倒想得开，还写诗自我宽慰。

方寸成灰鬓作丝，假如强健亦何为。家无忧累身无事，正是安闲好病时。

李君（李建）墓上松应拱，元相（元稹）池头竹尽枯。多幸乐天今始病，不知合要苦治无。

目昏思寝即安眠，足软妨行便坐禅。身作医王心是药，不劳和扁到门前。

——《病中诗十五首·病中五绝句》（节选）

他打趣现在家无忧累，正是得病的好时候。老友李建和元稹去世多年，自己已经足够幸运。他每日昏昏睡去，腿不能行，便打坐参禅，或许正因为这种良好的心境，他的病势逐渐减轻，并没有留下多少后遗症。

但因为这场病，他身体又变差了一些，更不能再骑马了。他打算遣散家伎，卖掉自己最心爱的骆马。

两枝杨柳小楼中，袅袅多年伴醉翁。明日放归归去后，世间应不要春风。

——《病中诗十五首·别柳枝》

五年花下醉骑行，临卖回头嘶一声。项籍顾骓犹解叹，乐天别骆岂无情。

——《病中诗十五首·卖骆马》

李德裕上台，对白居易来说不是好消息。于是白居易上表辞去太子少傅，请求致仕。

我身虽殁心长在

白居易年将七十，快到致仕的年龄。开成五年，他的女儿阿罗又生了一个男孩，白居易得了一个小外孙，这让没有儿子的他多少有些安慰，而且也彻底放心女儿在夫家的生活。

玉芽珠颗小男儿，罗荐兰汤浴罢时。苤苡春来盈女手，梧桐老去长孙枝。庆传媒氏燕先贺，喜报谈家乌预知。明日贫翁具鸡黍，应须酬赛引维诗。

——《谈氏外孙生三日喜是男偶吟成篇兼戏呈梦得》

冠栉心多懒，逢迎兴渐微。况当时热甚，幸遇客来稀。湿洒池边地，凉开竹下扉。露床青篾簟，风架白蕉衣。院静留僧宿，楼空放伎归。衰残强欢宴，此事久知非。

——《时热少见客因咏所怀》

他放伎归家，让僧客留宿，不再去参加宴会，而且以他的身体也早就无法承受整日饮酒了。一切宴饮之乐，也成为过往云烟，他那所宅院此时已空空荡荡。每到夜里，他辗转反侧，难以入眠。一日他梦到元稹，醒来泪湿枕巾。

> 夜来携手梦同游，晨起盈巾泪莫收。漳浦老身三度病，咸阳宿草八回秋。君埋泉下泥销骨，我寄人间雪满头。阿卫韩郎相次去，夜台茫昧得知不？
>
> ——《梦微之》

此时已经是元稹去世的第九个年头，白居易在一身病痛中疯狂思念这个老友。"少年乐新知，衰暮思故友。"白居易的晚年生活基本就在送别老友和思念老友中度过。元稹是白居易一生的挚友，很多时候白居易并不刻意想起他，毕竟阴阳相隔是最痛苦的事，但一旦思念涌来，他就难以承受。"君埋泉下泥销骨，我寄人间雪满头"，白居易写下这千古名句，是因为这一刻，连他自己都模糊了生存的意义。他视酒、琴、诗为三友，因为借酒能逃避现实，琴和诗能疗愈心灵。

唐武宗会昌元年（841年）春，白居易的百日长假届满，停了太子少傅一职。朝廷下诏书同意他辞职，他还特地写了一首诗，表达自己的喜悦心情。

> 长告今朝满十旬，从兹萧洒便终身。老嫌手重抛牙笏，病喜头轻换角巾。疏傅不朝悬组绶，尚平无累毕婚姻。人言世事何时了，我是人间事了人。
>
> ——《百日假满少傅官停自喜言怀》

248

"人言世事何时了，我是人间事了人。"听起来多么潇洒，可是他很快就发现事情没有那么简单。原来，朝廷的诏书仅同意白居易辞职，却迟迟没有同意他致仕退休。按照唐朝制度，官员致仕后按月发放"半俸"作为养老金，因此要明确是以何种官职致仕，才能办理致仕手续，以便按照该官职的俸禄标准发放"半俸"。此时，白居易的太子少傅职务已被免去，却没有任命新的职务，没有职务就没有俸禄。这个时候白居易处于"失业"状态。这是宰相李德裕在故意为难他。

> 七年为少傅，品高俸不薄。乘轩已多惭，况是一病鹤。又及悬车岁，筋力转衰弱。岂以贫是忧，尚为名所缚。今春始病免，缨组初摆落。蜩甲有何知，云心无所著。囷中残旧谷，可备岁饥恶。园中多新蔬，未至食藜藿。不求安师卜，不问陈生药。但对丘中琴，时开池上酌。信风舟不系，掉尾鱼方乐。亲友不我知，而忧我寂寞。
>
> ——《官俸初罢，亲故见忧，以诗谕之》

因为没有俸禄，这一年白家过得很拮据，所以才有"囷中残旧谷，可备岁饥恶"一说。不过白居易早在之前就遣散了家伎，而且因为病情的缘故，也不再频频举办宴会，家中开支少了很多，再加上还有些田产可以变卖，日子勉强过得去。虽然家人对此忧心忡忡，他自己却对不再为官的生活陶然自得。

> 达哉达哉白乐天，分司东都十三年。七旬才满冠已挂，半禄半及车先悬。或伴游客春行乐，或随山僧夜坐禅。二年忘却

问家事，门庭多草厨少烟。庖童朝告盐米尽，侍婢暮诉衣裳穿。妻孥不悦甥侄闷，而我醉卧方陶然。起来与尔画生计，薄产处置有后先。先卖南坊十亩园，次卖东都五顷田。然后兼卖所居宅，仿佛获缗二三千。半与尔充衣食费，半与吾供酒肉钱。吾今已年七十一，眼昏须白头风眩。但恐此钱用不尽，即先朝露归夜泉。未归且住亦不恶，饥餐乐饮安稳眠。死生无可无不可，达哉达哉白乐天。

——《达哉乐天行》

他在这一年里要么随客人游玩，要么随山僧坐禅。但家里日子快要过不下去了，他只好开始处理家产以补贴家用。

白居易虽然被李德裕所恶，白敏中却在这一年担任户部员外郎，赶赴长安。白居易为他写诗送行。

千里归程三伏天，官新身健马翩翩。行冲赤日加餐饭，上到青云稳着鞭。长庆老郎唯我在，客曹故事望君传。前鸿后雁行难续，相去迢迢二十年。

——《送敏中新授户部员外郎西归》

白居易在这首诗的下面注："长庆初予为主客郎中、知制诰，迁中书舍人，去今二十一年也。"白敏中此去长安，意气风发，让白居易想起当年的自己，他叮嘱白敏中"加餐饭""稳着鞭"，像一个期待儿子有作为的老父亲。事实上，他和白敏中虽是从兄弟的关系，但两人相差二十多岁，更像父子。白敏中还有远大前程，而白居易自感生命的尽头已在不远处了，一句"长庆老郎唯我在"透着无比的辛酸与寂寞。

他在仕途颠簸近四十年，得任高官也有二十多年了，当初的同僚、挚友甚至是敌人大多都已故去，以前最在意的官阶、名利、尊荣，在此时都已不再那么重要了。

> 且喜同年满七旬，莫嫌衰病莫嫌贫。已为海内有名客，又占世间长命人。耳里声闻新将相，眼前失尽故交亲。尊荣富寿难兼得，闲坐思量最要身。
>
> ——《偶吟自慰兼呈梦得》

会昌二年（842年）二月，李党的另一个领袖、淮南节度使李绅回到朝廷，出任中书侍郎、同平章事。他与白居易交情甚厚，想来因为他的缘故，八月，白居易终于接到了其以刑部尚书致仕的诏书。

> 十五年来洛下居，道缘俗累两何如。迷路心回因向佛，宦途事了是悬车。全家遁世曾无闷，半俸资身亦有馀。唯是名衔人不会，吡耶长者白尚书。
>
> ——《刑部尚书致仕》

其实，唐武宗原本是想重用白居易的，却被李德裕阻拦说，白居易"衰病不任朝谒"，而他的从弟白敏中"辞艺类居易"，于是唐武宗任命白敏中为知制诰，充翰林学士。

这一年，牛僧孺来到了洛阳，任东都留守，白居易的酒友皇甫曙也回了洛阳。这两人都是他的老友，聚在一起，他自然是开心的，可偏偏刘禹锡又去世了。刘禹锡的去世对白居易打击很大。

四海齐名白与刘，百年交分两绸缪。同贫同病退闲日，一死一生临老头。杯酒英雄君与操，文章微婉我知丘。（曹公曰：天下英雄，唯使君与操耳。仲尼云：后世知丘者春秋。又云：春秋之旨微而婉也。）贤豪虽殁精灵在，应共微之地下游。

　　今日哭君吾道孤，寝门泪满白髭须。不知箭折弓何用，兼恐唇亡齿亦枯。窅窅穷泉埋宝玉，骎骎落景挂桑榆。夜台暮齿期非远，但问前头相见无。

——《哭刘尚书梦得二首》

　　当时诗坛，白刘并称。两人的政治理想是一样的，都想重振国威，改变当时宦官专权、藩镇割据的局面，然而两人都未能彻底施展才能、抱负，怎能不让人神伤。

　　刘禹锡离世，让白居易想起去世的诸多老友。

　　晦叔（崔玄亮）坟荒草已陈，梦得墓湿土犹新。微之（元稹）捐馆将一纪，杓直（李建）归丘二十春。城中虽有故第宅，庭芜园废生荆榛。箧中亦有旧书札，纸穿字蠹成灰尘。平生定交取人窄，屈指相知唯五人。四人先去我在后，一枝蒲柳衰残身。岂无晚岁新相识，相识面亲心不亲。人生莫羡苦长命，命长感旧多悲辛。

——《感旧》

　　白居易在《感旧》一诗的序言中写道："故李侍郎杓直，长庆元年春薨。元相公微之，大和六年秋薨。崔侍郎晦叔，大和七年夏薨。刘尚书梦得，会昌二年秋薨。四君子，予之执友也。二十年间凋零共尽，惟予衰病，至今独存。因咏悲怀，题为感旧。"四位老友的去世，让白居易发出嫌自己命长的感叹。

也是在这一年，白居易的女婿谈弘谟也早逝了。他的女儿阿罗带着一双儿女从太原回到洛阳。白居易对这幼年丧父的小外孙更加怜爱，希望把琴书都传给他。

> 外翁七十孙三岁，笑指琴书欲遣传。自念老夫今耄矣，因思稚子更茫然。中郎馀庆钟羊祜，子幼能文似马迁。才与不才争料得，东床空后且娇怜。
>
> ——《谈氏小外孙玉童》

白居易与僧侣往来更加频繁，似乎期望自己身体和精神上的痛苦都能在谈佛论道中得到缓解。

> 右眼昏花左足风，金篦石水用无功。（金篦刮眼病，见《涅槃经》。磁石水治风，见《外台方》。）不如回念三乘乐，便得浮生百疾空。无子同居草庵下。有妻偕老道场中。何烦更请僧为侣，月上（指女儿）新归伴病翁。
>
> ——《病中看经赠诸道侣》

会昌三年（843年）五月，白居易为牛僧孺作《太湖石记》。牛僧孺和白居易都爱奇石，后来李德裕也开始收集奇石，一时间官员之间应酬纷纷以赠石、赏石为雅事。白居易大概是在这样的背景下才作了《太湖石记》一文。

> 古之达人，皆有所嗜。玄晏先生嗜书，嵇中散嗜琴，靖节先生嗜酒，今丞相奇章公嗜石。石无文无声，无臭无味，与三

物不同，而公（牛僧孺）嗜之，何也？众皆怪之，走独知之。

……

尝与公（牛僧孺）迫视熟察，相顾而言，岂造物者有意于其间乎？将胚浑凝结，偶然成功乎？然而自一成不变以来，不知几千万年，或委海隅，或沦湖底，高者仅数仞，重者殆千钧，一旦不鞭而来，无胫而至，争奇骋怪，为公眼中之物，公又待之如宾友，视之如贤哲，重之如宝玉，爱之如儿孙，不知精意有所召耶？将尤物有所归耶？孰不为而来耶？必有以也。

……

当时整个官场风靡太湖石，于是世人纷纷开采太湖石。白居易虽然喜欢太湖石，但也不无顾虑地提到采石、运石劳民伤财，说"渡江一苇载，入洛五丁推"，牛僧孺也对此存有疑虑，在诗中提及"为探湖里物，不怕浪中鲸"。

会昌四年（844年），唐武宗继续打压牛党，先贬牛僧孺为太子少保分司，再贬他为汀州刺史，又贬他为循州刺史。而白敏中倒是官运亨通，先拜中书舍人，又迁户部侍郎、知制诰。

这一年，七十三岁的白居易干了一件大事，他施舍家财与人合作开凿伊河龙门段的八节滩。

七十三翁旦暮身，誓开险路作通津。夜舟过此无倾覆，朝胫从今免苦辛。十里叱滩变河汉，八寒阴狱化阳春。我身虽殁心长在，暗施慈悲与后人。

——《开龙门八节石滩诗》其二

《开龙门八节石滩诗》有序云："东都龙门潭之南有八节滩、九峭石，船筏过此，例反破伤。舟人楫师推挽束缚，大寒之月，裸跣

254

水中，饥冻有声，闻于终夜。予尝有愿，力及则救之。会昌四年，有悲智僧道遇，适同发心，经营开凿，贫者出力，仁者施财。于戏！从古有碍之险，未来无穷之苦，忽乎一旦尽除去之，兹吾所用适愿快心，拔苦施乐者耳！"白居易不忍"饥冻有声，闻于终夜"，一直有开凿这段险滩的心愿。因此，当有人提倡开凿八节滩，白居易不遗余力地完成这件事。

会昌五年（845年），《白氏文集》七十五卷编成，凡诗文三千八百四十首。这一年唐武宗大肆灭佛，毁天下佛寺四万余所。

会昌六年（846年），三月，唐武宗驾崩，唐宣宗即位。唐宣宗不喜李德裕，将他罢相，并一再贬斥，而白敏中则被任为宰相。牛李党争以李德裕死而正式结束，牛党胜。终结牛李党争之人就是白敏中。白敏中则因对曾提拔他的李德裕不念旧情，饱受恶评。

七月，李绅卒于淮南节度使任所，白居易的又一个老友去世。

八月，白居易去世。唐宣宗写诗悼念："缀玉联珠六十年，谁教冥路作诗仙。浮云不系名居易，造化无为字乐天。童子解吟长恨曲，胡儿能唱琵琶篇。文章已满行人耳，一度思卿一怆然。"

十一月，白居易葬于龙门。《旧唐书》记载："遗命不归下邽，可葬于香山如满师塔之侧，家人从命而葬焉。"

大中三年（847年），白居易的夫人杨氏在嗣子白景受的陪同下，专门请李商隐为白居易撰写了墓志铭，据说这是白敏中的安排。不过，白居易为自己写的墓志铭是最适合他自己的。

……启手足之夕，语其妻与侄曰：吾之幸也，寿过七十，官至二品，有名于世，无益于人，褒优之礼，宜自贬损。我殁，当敛以衣一袭，送以车一乘，无用卤簿葬，无以血食祭，无请太常谥，无建神道碑；但于墓前立一石，刻吾《醉吟先生传》

一本可矣。语讫命笔，自铭其墓云：

　　乐天乐天，生天地中，七十有五年。其生也浮云然，其死也委蜕然。来何因？去何缘？吾性不动，吾形屡迁。已焉已焉！吾安往而不可？又何足厌恋乎其间？

千古诗名扬四海

　　白居易终于走完了他漫长而瑰丽的一生，说漫长，不是因为他活得年岁长，而是因为他自感人生漫长。他在《感旧》一诗中叹道："人生莫羡苦长命，命长感旧多悲辛。"他从漫长的生命旅程中感受到的不是快乐知足而是"多悲辛"；说瑰丽，是因为他的诗歌。在唐诗的发展过程中，白居易是一位声名仅次于李白和杜甫的重要诗人。他一生留下了近三千首诗作，提出了一整套的诗词理论。他的《长恨歌》与《琵琶行》更是唐诗中的绝品。

　　"大丈夫所守者道，所待者时。时之来也，为云龙，为风鹏，勃然突然，陈力以出；时之不来也，为雾豹，为冥鸿，寂兮寥兮，奉身而退。进退出处，何往而不自得哉！"这是白居易一生遵循的处世原则。因为时之不来，他晚年，眼看王纲解纽、社会崩坏，也只是静静旁观，远离那个喧嚣污浊的长安权力场，因为他深知大唐已无药可救。他和一群志在重振大唐雄风的士子们曾为此努力过，但盛年不再，明君已去，终究回天乏术。

他避世洛阳，不停参加宴饮、不停游山玩水，不过是在佛、道思想的影响下，寻找安慰，对步步滑落泥潭的大唐假装视而不见而已。但这种假装是最折磨人心的，当他的至交好友一个个接连去世时，他在世间就再也没有什么欢乐可言，就连他最爱的诗歌，都不知道要寄给谁。

白居易爱自己的诗歌，甚于爱自己的生命。他在生前，几度整理自己的诗文作品，结集成卷，收而藏之。第一次结集，是在元和十年冬天，他在江州司马寓所亲自编订，共八百首，主要分为讽喻、闲适、感伤、杂律四类，这在前面已经介绍过。他的讽喻诗，在当时造成了很大的影响，使一批诗人投入新乐府的写作，促进了中唐诗歌的繁荣，使一度冷清的唐代诗坛又出现勃勃生机。新乐府的高潮虽然没能持续下去，但对中晚唐诗坛以及后代都产生了持久的影响。他的闲适诗也备受后代文人士大夫的喜爱，由于生活境遇的近似和精神境界的吻合，闲适诗实际成为宋代以后很多诗人的创作内容。苏东坡和陆游也深受其影响。

第二次结集，是在长庆四年，白居易在杭州刺史离任时，委托他的挚友元稹代为编集。此次编入最晚的作品只到长庆二年冬天，之前的诗歌和文章都搜罗在此卷。距第一次结集，已有八年。八年中，诗人创作诗文一千三百九十一首。其中文章七百九十一篇，诗歌六百首。这个集子是诗人五十一岁以前唯一完整的诗文集。

第三次结集，是在大和二年，共得诗歌五百一十八首、文章八篇，由白居易亲手编校，名曰"后集"。从长庆三年春天到大和二年秋天，约六个年头，这一时期，朝政混乱，白居易有意避祸，诗歌多以抒发性情或记游叙事之作。

第四次结集，也由白居易自己编订，名为"洛中集"。他在《香山寺白氏洛中集记》中写道："大和三年春，乐天始以太子宾客分司东都，及兹十有二年矣，其间赋格律诗凡八百首，合为十卷，今纳于龙门香山寺经藏堂。"所谓"十二年"，是从大和三年春天到开成五年十一月止。

他还写道："夫以狂简斐然之文，而归依支提法宝藏者，于意云何？我有本愿，愿以今生世俗文字之业，狂言绮语之过，转为将来世世赞佛乘之因，转法轮之缘也，十方三世诸佛应知。"

白居易晚年修佛，早已不慕名利，却偏偏对当时的诗风放心不下，写道："愿以今生世俗文字之业，狂言绮语之过。"他最初写诗时，就坚决反对六朝绮丽之风。唐代虽出了李白、杜甫等伟大的诗人，然而案牍官文中常常都以骈文为主，文风绮丽而空无一物。所以韩愈、柳宗元才倡导古文运动，白居易自然也是推行者之一。他最崇拜的是诗经里的"国风"，其次是楚辞和汉五言诗，对近人则以陈子昂、李白、杜甫等人的诗歌为典范，尤其尊崇杜甫。他和元稹最初能结为好友，就是因为两人对诗歌的见解是一样的。

杜甫之所以伟大，一方面是因为他的诗歌内容忠实地反映了开元、天宝年间的唐代社会风貌，真实地描绘出百姓在那样战乱的年代里所遭受的苦难。另一方面，他在诗歌形式上也有新创造，在技巧上力求工整，往往对一字一句都反复吟咏，所以曾自称"为人性僻耽佳句，语不惊人死不休"。韩愈因为学习杜甫诗歌的工整走向了险僻的诗风，而白居易却继承了杜甫的现实主义精神。白居易在被贬江州以前所写的《秦中吟》新乐府，对社会黑暗的揭露，可以和杜甫的"三吏""三别"相媲美，甚至在涉及社会问题的广泛方面，有过之而无不及。

当然，白居易苦心孤诣写下的带有史实性质的诗歌，公卿贵族是看不惯的，一些士子精英也看不惯。他们觉得白居易的诗太通俗浅切了，不值一读。

然而诗风的浅切，是白居易有意为之的。他早年生活困苦，曾有较多的机会接触普通百姓，他认为要想发挥诗歌"补察时政，泄导人情"的作用，就不能不在诗的语言方面求通俗，以求"上与下"都能读懂。据说，他为了诗句通俗，曾向老妪请教。"白乐天每作诗，令老妪解之。问曰解否，妪曰解则录之；不解，又易之。"

　　或许也正是这个原因，百姓极喜欢他的诗，哪怕他被贬江州，也处处有百姓在吟他的诗。他曾在《与元九书》中写道："自长安抵江西三四千里，凡乡校、佛寺、逆旅、行舟之中，往往有题仆诗者；士庶、僧徒、孀妇、处女之口，每每有咏仆诗者。"元稹也说白居易的诗，"二十年间，禁省、观寺、邮候、墙壁之上无不书，王公、妾妇、牛童、马走之口无不道。至于缮写模勒街卖于市井，或持之以交酒茗者，处处皆是"。可见，白居易的读者层次十分广泛，上至王公贵族，下至贩夫走卒都是他的读者。一个人的诗作，在当代即产生这样的社会效果，在古代是极少见的。

　　他的诗歌在当时也深受新罗、日本等国上流社会的喜爱。外国商人把他的诗歌当作一宗有利的商品，来中国到处搜求。据记载，"鸡林国（新罗国）贾人求市颇切，自云本国宰相每以百金换一篇，其伪者，宰相辄能辨之"。

　　唐开成三年，日本人藤原岳守就因为发现白居易的诗文而得到了从五品的官位。据日本文献记载，白居易的诗早在长庆前就已传入日本，至唐末，白氏的全集本与别集本等至少传入日本六七种之多。

　　白居易一生写了大量的诗，很多人以为他只是随性而作，并不求精，但其实他对自己的诗歌的要求是很严格的。

　　他曾在《与元九书》一文中提到自己的写诗理论："感人心者，莫先乎情，莫始乎言，莫切乎声，莫深乎义。诗者，根情，苗言，华声，实义。上自圣贤，下至愚呆，微及豚鱼，幽及鬼神。群分而气同，形异而情一。未有声入而不应、情交而不感者。圣人知其然，因其言，经之以六义；缘其声，纬之以五音。音有韵，义有类。韵协则言顺，言顺则声易入；类举则情见，情见则感易交。"

白居易把诗歌的写作过程比作植物的成长过程。诗的根是感情，诗的苗是语言，诗的花是声韵，诗的果实是含义。他认为诗歌一定要有感情，要使用可以表达思想感情的语言。而语言要感动别人，一定要音韵优美，然后才能做到"韵协则言顺，言顺则声易入"。诗歌最主要的部分是诗义。诗歌如果没有真正的含义、没有内容，就不能算作好诗。

白居易对自己诗歌的评价鉴赏，就是以这套理论为标准的，从不为别人的喜恶而改变看法。人们所乐于传诵的诗篇，如不合他的要求，他也不承认是好诗，如《长恨歌》。"今仆之诗，人所爱者，悉不过杂律诗与《长恨歌》已下耳。时之所重，仆之所轻。"在他眼里，他的《秦中吟》和其他乐府诗远比《长恨歌》要好得多。他极为看重他的讽喻诗和闲适诗，因为讽喻诗旨在揭露现实黑暗和为民请命，闲适诗多是表达理想之作，这两类诗歌是言之有物的，是有内容的。这和后世文人的判断也是一致的。

其实，自从他的《长恨歌》和《琵琶行》风靡全国之后，他的一切诗文都很受追捧。元稹也曾称赞白居易是个极有天赋的全才："大凡人之文各有所长；乐天之长可以为多矣。夫讽谕之诗长于激，闲适之诗长于遣，感伤之诗长于切，五字律诗百言而上长于赡，五字、七字百言而下长于情，赋、赞、箴、戒之类长于当，碑、记、叙、事、制诰长于实，启、奏、表、状长于直，书、檄、词、策、剖判长于尽。总而言之，不亦多乎哉。"可事实上，白居易作诗不是天赋使然，他的很多诗篇，都是用尽了心力和时间才写出来。

他在写给好友元稹的《与元九书》中说："知我者以为诗仙，不知我者以为诗魔。何则？劳心灵，役声气，连朝接夕，不自知其苦，非魔而何？偶同人当美景，或花时宴罢，或月夜酒酣，一咏一吟，不觉老之将至。虽骖鸾鹤游蓬瀛者之适，无以加于此焉，又非仙而何？"意思是：我把我的全部精力投入诗歌的写作，夜以继日地写作，这就是着魔了呀！在这样美好的氛围里，与志同道合者在花前月下畅饮，吟唱诗句，忘记了时间、年龄，感觉即便遨游仙山，也比不得此间快乐。不是仙又是什么？

不仅如此，白居易还特别注重精修细改，"新篇日日成，不是爱声名。旧句时时改，无妨悦性情"。不少人以为他的诗歌浅白，他一定是信手拈来，可据记载，有人以五百金购白居易诗本，发现他的诗稿经过很多次涂改。清代的袁枚据说也看到过白居易的原稿，因为他曾在《随园诗话》里说："白香山诗似平易，观所存遗稿，涂改甚多，竟有终篇无留一字者。"

其实，像白居易这样热爱诗文创作的人是不多的。据说，他在晚年特意做了一个大柏木柜子，将诗文藏在里面，把柜子放在身旁，以便随时翻阅。这种热爱与不舍，不是一般人所能了解的。白居易还特意写了一首诗歌来纪念这件事。

> 破柏作书柜，柜牢柏复坚。收贮谁家集，题云白乐天。我生业文字，自幼及老年。前后七十卷，小大三千篇。诚知终散失，未忍遽弃捐。自开自锁闭，置在书帷前。身是邓伯道，世无王仲宣。只应分付女，留与外孙传。

> ——《题文集柜》

白居易去世到现在已经有一千二百多年了。纵观他的一生，如果不是这些诗歌，你会觉得他很普通，忍受煎熬，吃过大苦，拼命追求功名前途，看不得百姓受苦，用良心做事，敢犯颜直谏。受打击后会恐惧、会伤心、会丧失少年意气；遇到自己不能抗衡的社会黑暗，会选择躲避。看到同伴得享高官厚禄，会羡慕、会嫉妒；自己得享高薪后，又会觉得不安惭愧。他兴趣广泛，爱弹琴，爱听曲，爱写诗，爱饮酒，爱远游，爱读书，爱与佛门弟子谈禅，也曾与道家师父炼药。想不开的时候，他会入空门求解，劝自己想开；想开了的时候，过去追求的荣华富贵、高官厚禄都可以抛开，哪怕清贫度日。

可他有诗歌，这些诗歌，让他不朽，成为能打败时间千古留名的"诗神"。穿过历史的风烟与尘埃，历史上的王公贵族、宰相大臣都影像模糊，若隐若现，而《秦中吟》《长恨歌》《琵琶行》等的诗篇却字字清晰，成为中华民族的历史记忆，成为中华文明的一部分，受后人铭记。

这些诗歌不朽，白居易便不朽。